초등 1학년, 은경샘의 교실 이야기

# 지구인이
# 되는 중입니다

별도의 표시가 없는 한 교육공동체 벗이 생산한 저작물은 크리에이티브 커먼즈
[저작자표시-비영리-변경금지 4.0 국제 라이선스]에 따라 이용하실 수 있습니다.
http://creativecommons.org/licenses/by-nc-nd/4.0

초등 1학년, 은경샘의 교실 이야기

# 지구인이 되는 중입니다

ⓒ 최은경, 2018

2018년 5월 15일 처음 펴냄
2023년 7월 12일 초판 3쇄 찍음

| | |
|---|---|
| **글쓴이** | 최은경 |
| **기획·편집** | 전유미 |
| **출판자문위원** | 이상대, 박진환 |
| **디자인** | DNC www.thednc.co.kr |
| **종이** | 화인페이퍼 |
| **제작** | 세종 PNP |
| **펴낸이** | 김기언 |
| **펴낸곳** | 교육공동체 벗 |
| **이사장** | 조성실 |
| **사무국** | 최승훈, 이진주, 설원민, 서경, 공현 |
| **출판등록** | 제2011-000022호(2011년 1월 14일) |
| **주소** | (03971) 서울시 마포구 성미산로1길 30 2층 |
| **전화** | 02-332-0712 |
| **전송** | 0505-115-0712 |
| **홈페이지** | communebut.com |
| **카페** | cafe.daum.net/communebut |

ISBN 978-89-6880-101-3 03370

초등 1학년, 은경샘의 교실 이야기

# 지구인이
# 되는 중입니다

교육공동체벗

**차례**

**들어가며** | 이야기 한 자리

# 1부.
# 봄에서 ... 여름으로

| | |
|---|---|
| 시는 참 힘이 세다 | 14 |
| 이상한 월요일 | 18 |
| 숨은 자음 찾기 | 23 |
| 옛이야기의 힘 | 29 |
| 진정한 여덟 살 | 34 |
| 아이들은 자란다 | 41 |
| 느린 아이 | 48 |
| 빨리 보고 싶은 그림책 | 54 |
| 여름 소리 찾기 | 58 |
| 비스듬히 기대어 | 64 |

## 2부.
## 여름에서 ... 가을로

| | |
|---|---|
| 맛있는 동화 | 72 |
| 말이 열리는 교실 | 79 |
| 규칙과 순서 정하기 | 88 |
| 아이들의 소원 | 95 |
| 제목은 왜 정할까 | 103 |
| 책이 꼼지락꼼지락 | 110 |
| 처음 시 쓴 날 | 117 |
| 아이들의 굉장한 선언 | 126 |

**차례**

# 3부.
# 가을에서 ... 겨울로

| | |
|---|---|
| 비밀 친구 | 134 |
| 아기다리고기다리던 가게 놀이 | 142 |
| 동식물의 겨울나기를 돕는 방법 | 149 |
| 많이 가르치지 않은 하루 | 156 |
| 부모 과제 | 160 |
| 다음에 오는 친구 | 165 |
| 내일을 위한 준비 | 170 |

# 4부.
# 겨울에서 ... 다시 봄으로

| | |
|---|---|
| 반짝이들, 처음 학교 온 날 | 178 |
| 우리랑은 안 친해요 | 183 |
| 'ㅂ'으로 노는 날 | 187 |
| 숫자를 만난 'ㅅ' | 191 |
| 스물아홉 개의 씨앗 | 196 |
| 성장의 시간을 견뎌 내는 일 | 201 |
| 마음이 열리는 시간 | 206 |
| 학교 엄마 | 209 |
| 성장에서 가장 중요한 것 | 216 |
| 알사탕이 필요한 날 | 221 |
| 그림책 탐정 놀이 | 227 |
| 일기 쓰기에 관한 당부 | 234 |
| 누구에게나 터널은 있다 | 240 |
| 친구는 친구다 | 247 |

**나오며** | 아주 특별한 이야기

**이 책에 등장한 책들**

들어가며

# 이야기 한 자리

어느 마을에 이야기를 좋아하는 아이가 있었어. 밥 먹는 것도 잊을 만큼 이야기를 좋아한 아이는 자라서 선생님이 되었지. 매일매일 아이들에게 재미난 이야기를 들려주었어. 나이가 든 선생님은 3년 동안 어려운 공부와 일만 열심히 했대. 그랬더니 점점 힘이 없어지고 말도 못하고 키도 작아졌지. 답답해진 선생님은 이렇게 외쳤어.

"너무너무 힘들어. 도와줘!"
"이야기를 찾아라!"
"어떻게?"
"길을 떠나."

선생님은 계단을 뛰어 넘고 긴 복도를 지나 학교의 맨 구석 자리에 있는 교실로 갔어. 푯말이 보였지.

## 1학년 1반

작은 책상과 의자도 있었어. 창문 밖으로 감나무, 벚나무와 층층나무가 보이고 새소리가 들렸지.

'좋아! 이곳에서 이야기를 찾아야지.'

새봄이 되자 반짝이들이 왔어.

"우리는 진정한 우주인, 여덟 살이라고 해!"

선생님은 반짝이들과 3월 한 달을 지냈어. 말도 안 통하고, 하고 싶은 건 얼마나 많은지, 툭하면 물이랑 우유를 바닥에 쏟아 그림을 그리고, 책으로 우주선을 접었어. 와글와글 외계어로 떠드는 반짝이들이 조용할 때가 딱 한 번 있었지. 그게 언제냐고? 이야기를 들려줄 때였어. 지구 말로 이야기를 들려주는 선생님을 똑바로 보고 있는 거야. 선생님은 너무 좋아서 밤낮으로 재미난 이야기를 찾고, 이야기가 들어 있는 책을 들고 학교로 달려갔어.

4월이 되고 봄바람이 살랑 부는 날, 길에서 친구를 만났어.

"어이, 친구 어떻게 지내나?"
"믿기지 않겠지만 우주인과 지낸다네."
"뭐? 우주인? 어느 별에서 왔대? 말은 통해? 뭘 좋아하지?"

궁금한 게 너무 많은 친구 때문에 선생님은 밤새도록 이야기를 했지. 아침이 되자 "띵동" 하는 소리가 들리는 거야. 돌아보니 빨갛고 파란 주머니가 있어. 그 안에 수레가 그려진 종이에 보석 하나가 빛나고 있었지.

'아~ 이야기 주머니구나.'

선생님은 이야기를 다른 선생님들에게도 들려주었어. 주머니에 이름도 써 두었지.

〔은경샘의 교실 이야기〕

이렇게 말이야. 선생님은 이야기 주머니를 차고 우주인들과 잘 먹고 잘 놀고 잘 지냈어. 행복했지.
이듬해가 되었어. 선생님 교실에 반짝이 29명이 또 왔더래.

"진정한 우주인, 여덟 살 맞지?"
"어떻게 알았어?"

"너희들, 이야기 좋아하지?"
"그래, 어떻게 알았지?"
"다 아는 수가 있지. 나는 백오십 살이거든!"

눈이 까맣고 머리가 뾰족한 반짝이가 말했어.

"이야기 좋아. 글자는 싫어. 절대 먹지 않을 거야."
"글자는 먹는 게 아니야."
"그럼 뭔데?"
"잘 봐. 이렇게 붙잡아서 같이 노는 거야."
"잡는 법 가르쳐 줘. 안 가르쳐 주면 잡아먹어 버릴 테야!"

선생님은 봄부터 무더운 여름까지 글자 잡는 법을 가르쳐 주었대. 가을이 되자 반짝이가 말했어.

"이제 눈 감고도 잡을 수 있어. 고마워."

반짝이는 자기가 쓴 편지를 보여 주었어.

'엄마에게, 포켓몬 카드 모두 가고 싶다. EX 카드 가고 싶다.'

그날 오후 반짝이네 별에서 편지가 왔지.

'포켓몬 카드와 EX 카드는 어디로 가니?'

엄마에게 다시 편지를 썼어.

'엄마에게, 포켓몬 카드 모두 갖고 싶다. EX 카드 가지고 싶다.'

다음 날 반짝이는 선물을 받았어. 걱정 많던 반짝이 엄마도 안심했지. 지금도 반짝이들과 선생님은 잘 먹고 잘 논다고 그래. 어떻게 노냐고? 글자는 어떻게 잡냐고? 궁금하다고?
그건 이야기 주머니에 들어 있으니 조금 있다 풀어 봐.

> **1학년 1반, 반짝이네 이야기 속으로**

1부

# 봄에서
# 여름으로

# 시는 참 힘이 세다

아침을 여는 1교시는 '동시야 놀자'로 시작했다.

    **봄비**           김석전

    비가 그쳤네
    햇빛이 반짝어리네
    세수한 산과 들이
    수군거리오
    "어어 시원하구려"
    "어어 시원하구려"

    — 중외일보, 1930년 3월 19일

몸짓으로 시 드러내기를 했다.

"어어 시원하구려", "어어 시원하구려"

기지개를 켜듯 어깨를 쭉쭉 늘이며 읽었더니 더 신이 났다.

"선생님, 1930년이 언제예요?"
"이 시 나이가 팔십여섯 살이에요. 언제인지 상상해 보세요."
"우리 할아버지, 할머니 나이보다 더 많아요."
"우와, 그런데 재미있어요."

두 눈을 반짝이며 이야기를 듣는 아이들. 80년보다 긴 시간의 무게를 견딘 시가 아이들의 마음을 흔든다. 시는 참 힘이 세다. 2교시는 도서관 수업이다. 갈 때부터 들뜬 아이들은 도서관에 가서도 계속 떠들고 책을 찾아 이리저리 돌아다녔다. 그런 아이들을 주의시키고 있는데,

"선생님, 차라리 2반이 나아요. 너무 힘드시겠어요."
(우리는 1반이다.)

이 소리를 들으니 저절로 '욱~' 하는 마음이 들었다. 우리 반 아이들이 소란한 건 사실이다. 진종일 이리저리 움직이고, 알 수 없는 외계어로 떠든다. 똑같은 질문을 100번쯤 해야 하루 치 공부를 무사히 마칠 수 있다. 그래도 마음이 불편했다. 마치 내가 꾸중 들은 것처럼 기분이 나빴다.
'나를 공격한 말이 아니다. 나와 아이들은 똑같지 않다.'
마음을 꾹꾹 달랬다.
오늘 하루 우리 반 아이들은 운동장에서 달리기도 잘하고, 우

유도 잘 먹고 그림책 《요렇게 해봐요》를 읽으며 몸으로 글자 만들기도 엄청 열심히 했다. 3월에 비하면 지구인이 되기 위해 점점 발이 땅에 붙는 중이다.

도서관에 자주 가려는데 걱정이다. 가기만 하면 떠들고 장난치는 아이들이 생기니. 도서관은 정숙한 곳이라고 생각하는 어른들에겐 반드시 고쳐야 할 태도다. 하지만 '천국이 있다면 도서관처럼'이라고 누군가(위대한 인물인 건 분명하다) 얘기하지 않았던가. 스물일곱 명의 아이들이 하나같이 조용히 앉아 책을 읽으면 좋겠지만 다 다른 아이들이 모였으니 이것도 만만치 않은 일이다.

또 하나 문제는 우리 교실에서 남자 화장실까지가 명왕성만큼이나 멀다는 것이다. 화장실만 가면 오리무중. 어떤 녀석들은 수업 시간 반이 지나도록 오지 않는다. 알고 보니 화장실에 다녀온다는 핑계로 학교 탐험을 한다. 가 보고 싶은 걸 참지 못하고 학교를 돌아다니다 싸움도 나고 수업 시간에 늦기도 한다.

그래서 '우리 반 약속 정하기'를 했다. 알림장에 '우리 반 약속 세 가지 생각해 오기'와 '내일 우리 반 규칙 정하기'를 썼다. 마치는 시간에 "선생님, 고생했어요"라며 예인이가 도닥도닥 해 주고 갔다. 가슴이 뭉클했다.

일기를 쓰며 생각했다.

'태어난 지 이제 일곱 해밖에 되지 않은 어린 사람들 아닌가.'

그러니 틀려도 괜찮고 실수해도 괜찮다고 해야 한다.
'내일은 더 자라겠지.'
'또 내일은 더 재미난 교실이 되겠지.'
저녁엔 그렇게 기도하며 108배를 했다.
1학년 아이들은 내게 가르침을 주는 스승이다. 내일 학교 가면 또 어떤 일이 기다리고 있을까? 예상되진 않지만 기대가 되는 하루다.
'그래도 괜찮아, 힘내. 잘하고 있어.'
여덟 살 반짝이들과 나에게 말해 주고 싶다.

# 이상한 월요일

월요일 아침. 교실 문을 열고 들어오는 아이들을 하나하나 안아 주었다.
'음~ 이 포근함이란…….'
느껴 본 사람만이 알 수 있는, 가슴이 말랑말랑해지는 순간이다. 4월이 되면서 국어 교과서를 처음 받고 낱자 익히는 공부를 하고 있다. 그림책으로 자음자와 모음자 찾기를 하고 몸으로 글자 만들기 놀이도 하였다. 이번 주부터는 글자의 짜임에 대해 배운다. 〈나무 노래〉와 〈글자 노래〉를 부르면서 낱자를 찾았다.
권태응 동시 〈달팽이〉도 낭송했다. 낭송 후 글자벌레가 되어 시 속에서 글자 찾기 놀이를 했다. ㅁ자를 찾으려는 순간,

"선생님, 건우가 물 쏟았어요."
"선생님, 내 책상 위에도 물이에요."
"선생님, 홍수가 났어요."

아이들은 신나게 떠들고 건우는 울상이 되었다. 젖은 가방을 뒤쪽에 올려 두고 수건으로 건우 옷에 묻은 물기를 닦았다. 당

황하지 않도록 손걸레를 주고는 함께 닦았다. 그때 지민이가 말했다.

"ㅁ자를 배우는데, 물통이 쏟아지고 물이 넘쳤어."
"맞아. 건우는 물의 신이야."
"맞아. 맞아. ㅁ은 절대 안 잊어버리겠어."

아이들 말에 건우 얼굴이 활짝 피었다. 다시 낱자 찾기 공부를 시작해서 'ㅅ'까지 찾았다.
쉬는 시간 아이들이 노래를 불렀다. 부르는 노래를 칠판에 적었다.

    오늘은 참 이상한 날

    ㄱ을 찾는데
    글자 신이 나타났어.

    ㅁ을 찾는데
    건우가 물통의 물을 쏟아
    물의 신이 되었어.

    ㅅ을 찾는데

지민이가
"우리는 글자 왕국의 왕들"
외치고

ㅇ을 찾는데
영웅이가
"글자를 찾으러 가요!"
했더니

그때 글자 여신이 나타나
글자 왕국의 지도를
주었어요.

ㅇ늘은 참 이상한 날.

이렇게 노래가 시가 되어 날아다녔다. 수학 시간에 교구 놀이를 하던 훈이가

"ㅂ을 배우는데 변기 요정이 나타나 변기 뚜껑을 달았어."

그 옆에 수가

"ㄸ을 배우면 똥신이 나타나겠어. 어떡해?"

수의 말에 모두 코를 싸쥐고는

"똥, 똥, 똥 냄새, 똥 냄새"

를 외쳤다. 나도 기회를 놓칠세라 아이들 말을 받아서

"짜잔~《누가 내 머리에 똥 쌌어?》읽을 사람 여기 붙어라."

했더니 모두 똥 이야기에 눈알을 굴리며 모여 앉았다. 그림책을 읽고서 '똥'의 ㄸ과 '쌌어'의 ㅆ을 익혔다. 점심에 나온 '바람떡'을 먹고는 'ㄸ'도 찾았다. 우리는 함께 찾은 낱자와 글자를 배움 공책에 정리했다.
아이들이 모두 집으로 돌아갔다. 혼자 있는 교실에서 일기를 쓴다. 똑같은 일상이 아이들의 상상으로 신기한 하루로 바뀌었다. 일기를 쓰고 있는데 돌봄 교실에 간 세 녀석이 찾아왔다.

"왜?"
"선생님 보고 싶어서요."
"선생님 뭐 하나 궁금해서요."
"ㅎㅎㅎ"

아이들 손에 캐러멜 하나씩 나누어 주었더니 웃음꽃 하나씩 두고 갔다.

# 숨은 자음 찾기

5월이 왔다.
자음과 모음을 합쳐 낱자와 낱말을 익히고 있다. 교과서에 나온 동시 〈개구리〉를 읽으며 낱자 만들기를 했다.

　　개구리　　　　　　한하운

　　가갸 거겨
　　고교 구규
　　그기 가

　　라랴 러려
　　로료 루류
　　르리 라

— 귀뚜라미와 나와, 권태응 외, 겨레아동문학연구회 엮음,
　보리, 1999

이 짧은 시 한 편에 무슨 이야기가 들어 있을까? 나는 처음 이

시를 읽으며 '무슨 시가 이렇지, 이것도 동신가?' 연신 고개를 갸웃거렸다. 하지만 시를 소리 내어 읽는 순간 개구리 소리가 들리기 시작했다. 또 나병을 앓은 시인의 곡절이 담긴 시집 《한하운 시초》정음사(正音社), 1949와 《보리피리》인간사, 1955를 떠올리며 내내 가슴이 아팠다.

시를 칠판에 적었다. 아이들과 함께 작은 목소리로 읽고 〈개구리〉를 또 조금 큰 목소리로 마음을 맞추어 읽었다.

"선생님, 개구리가 가갸 거겨 고교 구규 그기 가 이렇게 해요?"
"라랴 러려 로료 루류 르리 라 이렇게도 울어요?"
"그러게? 개구리는 어떻게 울어?"
"개굴개굴 이렇게요."
"꽉꽉 꾹꾹 이렇게도 울어요."
"그런데 한하운이란 시인은 왜 이렇게 썼을까요?"
"잘 모르겠어요."
"그럼 선생님이 한하운 시인의 이야기를 들려줄 테니 상상해 보세요."

한하운 시인은 열일곱 되던 해 나병이라는 고칠 수 없는 병에 걸렸어요. 공부도 포기하고 산에 들어가 있던 시인은 다시 생각을 고쳐먹고 일본에 가서 공부도 하고 일도 하면서 열심히 살았대요. 그런데 다시 병이 나타난 거예요. 병을 고치기 위해 소록도라는 먼 곳에 가야 하는데 병을 옮긴다고 해서 기차도 탈 수 없었지요. 손가락이랑 발가락이 떨어져 나가고 무릎을 절뚝거리면서 뜨거운 땡볕 길을 걸어 걸어서 갔어요. 그러던 어느 날 시인은 개구리 소리를 듣게 되었어요. 그리고 어릴 적 어머니 무릎을 베고 누워 익혔던 '가갸 거겨 고교 구규 그기'를 떠올렸어요.

"시인은 엄마가 많이 보고 싶은 거죠?"
"엄마한테 가면 안 돼요?"
"그때쯤 시인의 어머니는 하늘나라로 가고 없었어요."
"시인을 도와주는 사람은 없어요?"
"혼자서 가야 했어요. 병을 고치기 위해서."
"개구리가 시인을 보고 그기 가, 그기 가 이렇게 했으니까."
"무슨 뜻이야?"
"그기 가면 괜찮아. 이렇게요."
"아하, 그렇구나. 개구리가 시인한테 힘내라. 괜찮아. 이렇게 말하는 거구나."

어른인 나는 동시 〈개구리〉를 자신의 죽음을 예견하며 한 발 한 발 걷던 길에서 피를 토하며 지은 시로만 읽었다. 그런데 아이들은 오히려 따뜻한 응원가로 느꼈다.
'개구리'를 낱자 카드로 만들기 전에 '시 안에 제목이 숨어 있다'고 했다. 그랬더니 아이들은 이 시로 또 한 번 놀라운 발견을 했다.

"찾았어요. 개구리."
"나도, 나도."
"선생님 와 봐요. 좀 봐요."

아이들은 자음 ㄱ과 ㄹ이 '개구리'라는 시 제목에 숨었노라 자신 있는 얼굴로 소리치고 개구리 떼처럼 교실을 뛰어다녔다. 나도 기뻐하며

"그래, 그래, 그래, 그래."

소리쳤다. 아이들은 따뜻한 상상과 즐거운 말놀이를 함께 익혔다. 시가 아이들의 마음을 움직인 것은 아주 작고 낮은 것도 허투루 보아 넘기지 않는 시인의 섬세한 눈인 것을 또 배운다. 동요 〈개구리와 올챙이〉 노래에 맞춰서 신나게 몸을 흔들며 노는 아이들. 이 아이들이 언젠가 엄마 무릎을 베고서

"엄마 개구리는 뭐라고 울어?"

하고 묻고 그 엄마가

"글쎄, 개굴개굴 이렇게 울겠지."

대답하면

"아니 아니야, 가갸 거겨 고교 그규 그기 가 이렇게 울어. 엄마는 몰랐지? 가갸 거겨 재밌지?"

이렇게 따뜻한 웃음을 나누는 한때를 떠올린다. 그러면 시가 그 둘을 싸안으며 내일 다시 학교로, 일터로 나갈 힘을 주지 않을까? 기대해 본다.
글을 쓰다 개구리 소리를 '그래 그래 그래 그래'로 들은 도종환 시인의 시를 떠올린다.

개구리 소리                    도종환

칠흑 어둠에 덮인 산골짝 다락논 옆을 지나는데
개구리 소리 천지에 가득하다
점점 차가워지는 시간 속에 잠기어 목만 내놓은 채
개구리들이 이렇게 울어대는 건
막막함 때문이리라
너도 혼자지 너도 무섭지 이렇게 서로에게 물으며
그래 그래 그래 그래 대답하는 소리 가득하다

어둠 속에서 한목소리로 울부짖으며 외로움을
이기려는 소리 너도 아직 살아 있구나
너도 그렇게 견디고 있구나
그래 그래 서로 대답하며 울음의 긴 끈으로
서로를 묶어 놓는 소리 밤새도록 가득하다


내일이 운동회라 줄서기 연습 때 큰소리 지르며 호통친 것, 빨리 좀 걸으라고 재촉한 일, 글자 카드로 비행기 접어 날린 녀석들 혼낸 일, 친구랑 싸운 녀석들에게 아직 아기 짓 하려면 유치원으로 가라고 협박한 일들. 모두 모두 미안한 마음을 담아 일기를 쓴다.

DATE.
2016년 5월

# 옛이야기의 힘

이번 주는 신변 안전에 속하는 '아동 학대 예방'에 대하여 공부를 한다. '아동 학대' 중에서도 '버려진 아이들' 이야기는 아주 옛날부터 전해져 왔다. 그런데 그 이야기가 우리 주변 아이들에게 벌어진다고 생각하면 정말 끔찍하다. 학년 선생님들과 아동 학대 예방을 어떻게 다루어야 할지 의논을 했다.

초등 교육용으로 배부된 안전 교육 동영상에는 적나라하고 무서운 부분이 포함되어 있다. 그래서 아이들과 친숙한 옛이야기 그림책《해와 달이 된 오누이》로 수업을 했다.

《해와 달이 된 오누이》는 여러 버전의 그림책이 있는데 이야기의 고갱이는 바로 엄마를 잡아먹은 호랑이가 아이들까지 잡아먹으려 할 때, 오빠와 동생은 자신들의 꾀로 호랑이를 속이고 간신히 나무 위로 도망치는 장면이다. 그리고 잘 알고 있듯이 하늘의 도움으로 동아줄이 내려와 줄을 타고 하늘로 올라간 오누이는 세상을 비추는 해와 달이 되고, 호랑이는 썩은 동아줄을 타고 올라가다 수수밭에 떨어져 죽고 말았다는 이야기다.

옛이야기에서 호랑이는 잔인한 모성을 상징하기도 하는데 어머니가 아이들을 버릴 만큼 비정한 까닭은 깊은 산골에 아비

없이 혼자 아이를 키워 내며 '생쥐 먹을 콩알 하나 없는 가난'이 가장 큰 이유일 것이다.

현재를 살아가는 어머니의 상황도 다르지 않다. 우리 반에도 맞벌이 가정이 많은데 특히 다문화 가정 아이들은 학교에서 운영하는 돌봄 교실 혜택을 받기 어렵다. 서류 절차도 복잡하고 무엇보다 밤늦도록 혹은 새벽까지 일을 하는 경우가 있어 늦은 밤에도 아이 혼자 지내는 일이 종종 있다고 한다. 다행히 복지실과 지역 센터가 연계되어 이 아이들을 안전하게 귀가하도록 돌봐 주는 인력이 배치되어 안심이다.

3교시 그림책 읽는 시간. 전등을 다 끄고 고요해진 밤처럼 어두운 교실에서 그림책을 읽었다.

김성민 작가의 《해와 달이 된 오누이》를 읽고 송수정 그림의 시공주니어 판도 소개했다. 아이들이 제일 재미있어 한 대목은 바로 호랑이에게 도망치려고 꾀를 낸 장면이다.

"엄마, 엄마, 똥 마려워."
"그냥, 방에다 눠."
"방에다 누면 똥 냄새 나잖아."
"그럼 마루에다 눠."
"마루에다 누면 방에서 나가다 밟잖아."
"그럼 댓돌 위에다 눠."
"댓돌 위에 누면 신발에 똥이 묻잖아."

"그럼 마당에다 눠."
"마당에다 누면 집이 더러워지잖아."
"그럼 뒷간에 가서 눠."

오누이는 뒷간에 가는 척하면서
살그머니 뒤뜰로 돌아가
우물 옆에 있는 감나무 위로 쪼르르 올라갔어.

"우와~ 호랑이 몰래 도망쳤다."
"오빠가 그랬어요."
"꾀쟁이예요."

아이들은 누이가 호랑이에게 도끼로 찍으며 올라오라는 말을 했을 때

"왜 가르쳐 줘요?"
"안 돼, 호랑이가 도끼 가져왔잖아."

이 대목은 세로 판형으로 감나무 위에 있는 아이들을 쳐다보며 호랑이가 올라가는 모습이 자못 비장하게 그려져 아슬아슬한 위기감을 드러냈다. 하늘의 도움으로 아이들이 해와 달이 되었고 호랑이는 수수밭에 떨어져 죽었다는 결말을 두고

이야기가 많아졌다.

"제일 재미난 부분이 어디예요?"
"호랑이 속이는 데요."
"여러분들은 호랑이처럼 무서운 걸 만나면 어떻게 할 거예요?"
"꾀를 써야죠."
"어떻게?"
"저~ 더우니까 밖에 나갔다 올게요, 하고 도망쳐요."
"아니, 배가 아프다고 똥 눠야겠다고 해요."
"음~ 학교에 준비물 가지러 간다고 하고 막 달려요."
"태권도 관장님한테 전화해요."
"몰래 방에 들어갔다가 안심 알리미 폭탄을 가지고 호랑이랑 대결해요."

아이들은 이렇게 말했다.

"자기는 자기 자신이 지켜야 해요. 오누이처럼."

끈질긴 생명력이 요구되는 지금 이 사회에서 옛이야기는 이렇게 큰 힘을 준다. 이야기를 마치고 가족 공부를 하는데 훈이가 아주 걱정스러운 얼굴로 물었다.

"선생님, 그런데 엄마가 죽었어요?"
"응. 호랑이한테 물렸잖아."
"아. 그래도 괜찮아요."
"왜?"
"아이들이 하늘로 올라갔으니까. 왜냐면 하늘나라에 엄마가 있으니까 엄마가 보고 있으니까요."

엄마랑 아빠가 일 때문에 자주 집을 비울 때마다 누나와 함께 있는 훈이. 훈이의 걱정은 엄마가 무사히 집으로 돌아오는 것인데 이야기 속 엄마는 죽었으니 답답했다고 한다. 그런데 아이 둘이 엄마가 계시는 하늘나라로 갔으니 얼마나 다행이냐, 이 말이다.

"정말 다행이다. 잘됐어. 그치?"
"네, 선생님."

훈이는 안심하고 자리로 가서 공부를 마치고 급식을 먹고 나를 꼭 안아 주고 미술 학원으로 갔다. 누나가 올 때까지 미술 학원에 있다가 집에 간다고 한다. 내일은 주말이니 엄마, 아빠가 온다고 했다. 그리고 맛있는 것도 먹는다고 했다. 정말 다행이다. 아이가 안심할 수 있게 온 가족이 함께할 수 있어서.

2016년 5월

1부. 봄에서 여름으로

# 진정한 여덟 살

1학년 아이들에겐 날마다 새로운 이야기와 놀이가 필요하다. 한번 들었거나 아는 이야기를 할라 치면 "나 그거 알아요!" 하면서 새로운 이야기를 듣고 싶어 한다. 이미 '아는 이야기'는 흥미진진함이나 두근거림을 줄 수 없기 때문이다.

6월이 시작되면서 글 읽기에 조금씩 자신감이 생긴 아이들은 '그림책 한 권 읽기'에 도전했다.

아침 9시가 되면 우리 반 모두 책을 읽는다. 이때 교사인 나도 좋아하는 책을 읽는다. 내가 재미난 표정을 지으며 책을 읽으면 아이들은 슬그머니 와서 선생님은 무슨 책 읽나 보고 간다. 그리고 재미있어 보이면 꼭 읽어 달라고 한다.

어제는 햇빛이 쨍쨍해서 그림자 놀이를 재미있게 할 수 있었다. 땀 흘리며 놀고 나서 맛있는 간식을 먹고 그림책을 읽었다. 제목과 표지부터 아이들, 특히 남자아이들의 눈길을 사로잡았다. 그림책 《진정한 일곱 살》의 첫 문장을 읽는 순간 나와 아이들의 마음은 출렁거렸다.

> 이 세상에는 하늘의 별만큼 들의 꽃만큼, 수많은 일곱 살이 있어요. 하지만 진정한 일곱 살은 그렇게 많지 않아요.

> 진정한 일곱 살은요, 앞니가 하나쯤 빠져야 해요.
> 진정한 일곱 살은요, 음식을 가리지 않고 골고루 먹어요.
> 진짜로 진정한 일곱 살은 스피노사우루스가 누군지 알아야 해요. 물론 그릴 줄도 알고요.
>
> — 진정한 일곱 살, 허은미 글, 오정택 그림, 양철북, 2011

이 대목에서 아이들의 말이 확 쏟아졌다.

"선생님, 진정한 일곱 살은 유치원 이름도 알아야 해요."
"진정한 일곱 살은 혼자서 양말도 신고 동생에게 양보도 해요."
"진정한 일곱 살은 게임 캐릭터 이름도 알고 그릴 줄도 알아야 해요."
"아~ 그래요. 여러분은 모두 진정한 일곱 살을 보냈군요."
"네, 네, 선생님."

이렇게 씩씩하게 대답하니 믿을 수밖에. 계속해서 책을 읽었다.

> 진정한 일곱 살은 마음이 통하는 단짝 친구가 있어요.
> 진짜 진짜 진정한 일곱 살은 용기가 있어야 해요.
> 진정한 일곱 살은 자기 집 주소와 전화번호를 외울 줄 알고

진짜 진짜 진짜 진정한 일곱 살은요, 혼자 잘 수 있어야 해요.
하나도 안 무서워. 하나도 안 무서워. 하나도 안 무서워……. 어, 어, 어, 엄마!
괜찮아! 진정한 일곱 살이 아니면 진정한 여덟 살이 되면 되고, 진정한 여덟 살이 안 되면 진정한 아홉 살이 되면 되고 진정한 아홉 살이 안 되면 진정한 열 살이 되면 되니까…….

— 앞의 책

뒤표지에 실린 교동초등학교 유치원 사랑반 어린이들 이야기까지 다 읽고 나서 아이들은 저마다 진정한 일곱 살 때 겪은 모험을 이야기했다.

"그런데 선생님, 진정한 여덟 살은 뭐예요?"

또랑또랑한 목소리로 질문하는 예인이의 말에 우리는 모두 깜짝 놀랐다.

"글쎄, 진정한 여덟 살은 뭘까요?"
"난 알아요! 선생님."

턱을 괴고 그림책에 빠져 있던 훈이가 자신 있게 말했다.

"진정한 여덟 살은 두려움이 없어야 해. 왜냐하면 우리 집 가는 데 큰 개가 있어. 그런데 나는 일곱 살까지 무서워서 개가 있나 없나 했는데 이제 두렵지 않아. 숨을 쉬고 크게 휙 휙 걸어가니까."
"오~ 훈이, 멋지다."

훈이가 자기 생각을 말하자 아이들은 모두 저마다 생각하는 진정한 여덟 살에 대해 이야기를 하고 싶어 했다. 그래서 칠판 가운데 커다랗게 "8"을 쓰고 나뭇가지처럼 아이들 이름을 모두 적었다. 아이들은 차례를 기다리며 친구들의 말을 들었다. 진정한 여덟 살에 대해 자신의 생각을 문장으로 정확하게 표현했다.

하 : 진정한 여덟 살은 친구와 싸우지 않는 것, 또 사랑해 준다.
원 : 진정한 여덟 살은 한글을 알아야 해.
연 : 진정한 여덟 살은 나를 도와준 어른들에게 힘이 되어야 해.
영 : 진정한 여덟 살은 수영을 잘하는 것.
찬 : 진정한 여덟 살은 혼자 잘 수 있어야 해.
규 : 진정한 여덟 살은 종이비행기를 접어 혼자 날리는 것.
지 : 진정한 여덟 살은 두려움이 없어야 해.

예 : 진정한 여덟 살은 침착해야 해. 아빠와 알까기를 할 때도 침착해야 해.
건 : 진정한 여덟 살은 달리기를 잘하고 좋아해.
승 : 진정한 여덟 살은 동생을 돌봐 줄 수 있어야 해.
효 : 진정한 여덟 살은 곱하기도 하고, 숫자를 100까지 셀 줄 아는 것.
시 : 진정한 여덟 살은 혼자 수영을 잘하는 것.
지 : 진정한 여덟 살은 태권도에서 격파를 잘하는 것.
병 : 진정한 여덟 살은 자기 방은 자기가 청소할 줄 알아야 해.
태 : 진정한 여덟 살은 내 키가 얼마인지 혼자 잴 수 있어.
서 : 진정한 여덟 살은 더하기·빼기를 할 줄 알아야 해.
춘 : 진정한 여덟 살은 친구들과 싸우지 않아야 해.
세 : 진정한 여덟 살은 줄넘기를 잘하는 것.
현 : 진짜 진정한 여덟 살은 아픈 사람을 도와줄 수 있어야 해.
윤 : 진짜 진짜 진정한 여덟 살은 선생님 말씀을 잘 들을 수 있어야 해.
윤 : 진정한 여덟 살은 수업 시간에 조용히 할 수 있어야 해.
소 : 진정한 여덟 살은 친구들에게 욕하지 않아야 해.
시 : 진정한 여덟 살은 공부를 잘해야 해.
예 : 진짜 진짜 진정한 여덟 살은 참을 줄 알아야 해.
은 : 진정한 여덟 살은 책가방을 혼자 쌀 줄 알아야 해.
서 : 진정한 여덟 살은 양보할 줄 알아야 해.

은경샘 : 진정한 여덟 살은 맘껏 놀고 재미난 이야기를 하는 것.

"와~ 정말 많다."
"맞아. 모두 진정한 여덟 살이야."
"선생님, 우리도 그림책 만들어요."
"어떻게?"
"'진정한 여덟 살' 이렇게 쓰고 그림은 우리가 그릴게요."
"오~ 어쩌면 좋아! 멋지다. 그런 생각을 다하고 여러분은 진짜 진짜 진짜 진짜 진정한 여덟 살이에요. 그럼 여러분이 한 말을 종이에 프린트 할 테니까 그림은 여러분이 직접 그립니다."
"좋아요."

이렇게 해서 새로운 놀이인 '우리 반 그림책 만들기'가 시작되었다. 첫 그림책을 만들고 기념사진을 찍었다. 아이들은 《진정한 일곱 살》만큼 《진정한 여덟 살》을 재미있게 돌려 읽었다. 그림책 표지를 그린 예솔이가 《진정한 여덟 살》과 《진정한 일곱 살》 두 권을 집에 가져가서 가족들과 읽고 싶다고 했다. 집에 가져가고 싶은 아이들이 많아 순서를 정했다. 3일 동안 집에서 읽고 다시 가져오기로 했다.

"예솔아, 오늘 읽고 내일 가져오면 안 돼?"
"그래, 내일 가져올게. 너도 읽고 싶구나."

"응."

드디어 오늘 아침 학교에 오자마자 예솔이가 가방에서 그림책을 꺼내서 보여 주었다. 그림책 면지에 엄마가 쓴 편지가 들어 있었다.

> 《진정한 여덟 살》 책 표지만 봐도 '우리 친구들의 무슨 이야기가 써 있을까?'라는 생각을 하며 열어 보았습니다. 첫 장부터 마지막 장까지 너무 재밌게 읽었어요. 우리 친구들의 작은 꿈들도 보이고 소망하는 것들도 보이고 친구들과 사이좋게 지내기, 수업 시간에 조용히 하기 등등 생활 규칙을 잘 지켜야 한다는 것도 알고 있더라구요. 초등학교 1학년이라 개구지고 어리게만 생각했었는데 친구들의 생각은 너무 성숙하고 멋지고 감동적입니다. 우리 1학년 1반 모든 친구들이 진정한 여덟 살입니다. 모두모두 너무 멋지고 예쁩니다. ^^  — 예솔 엄마 씀

아침 시간에 예솔 엄마 편지를 함께 읽었다. 모두가 칭찬을 받고 흐뭇한 표정이다. 기분 좋게 하루를 시작했다.

# 아이들은 자란다

이번 한 주는 진로와 독서를 재구성해서 진행된다. '나는 자라요'라는 주제로 그림책 읽기와 시 맛보기 활동을 하고 있다. 교육부에서 제시한 '초등학교 진로교육의 내용 및 목표 체계'를 참고하지만 객관적인 지표에 기대지 않고 우리 학교 1학년에 알맞은 목표를 세웠다.

진로교육은 '내가 소중한 존재임을 안다'를 목표로 세워 모든 배움은 아이들의 삶과 가장 가까운 곳에서 일어난다는 것, 그리고 아이들이 좋아할 만한 텍스트와 활동으로 재구성하는 것을 원칙으로 삼았다.

'나를 안다'는 것은 무엇일까? '내가 좋아하는 것', '나의 장단점', 혹은 '내가 할 수 있는 것', '내가 갖고 싶은 것', '내가 싫어하는 것' 등을 생각하며 나에 대해 생각해 보는 과정일 것이다. 무엇보다 어린이는 '자라는 존재'라는 점을 알고 그래서 소중하고 멋진 사람이 나인 것을 알게 되는 과정이다.

우리가 찾은 그림책은 《나는 자라요》 말놀이 그림책 《꿈틀꿈틀》 《부릉부릉》 《땍때굴》 《방긋방긋》 《내가 좋아하는 것》이다. 먼저 그림책 《나는 자라요》를 읽었다.

나는 작아요. 엄마 품에 폭 안길 만큼 아주 작아요. 그렇지만 나는 자라요. 하루하루 아주 조금씩 조금씩.
단추가 단춧구멍으로 들어가고 내 발이 양말 속으로 들어갈 때에 나는 자라요.
밥을 입 안에서 오물오물 씹는 순간이나 물이 목구멍을 지날 때에도, 색종이를 오려 종이에 딱 붙이는 순간이나 내 이름을 쓸 때에도 나는 자라요.
엄마한테 혼나서 눈물이 비처럼 떨어질 때, 동생을 꼭 껴안아 주는 순간에도 나는 자라요.
처음으로 비행기를 타 심장이 쿵쾅거리는 순간이나 처음으로 무지개를 보고 심장이 두근거리는 순간에도 나는 자라요.
그 순간들이 모여서 나무처럼 쑥쑥, 꽃잎처럼 활짝! 나는 자라요. 엄마를 내 품에 꼭 안아 줄 수 있을 만큼.

"그림책에서 가장 기억에 남는 장면이 있나요?"
"아이가 자랄 때마다 화분에 심은 식물도 자라고 있어요."
"아이가 벽에 그림을 그렸는데 동생이 그걸 망쳤어요. 그래서 엄마한테 야단맞고 울 때 마음이 찡했어요."
"나도 아이처럼 생각을 할 때 자라는 것 같아요."

우리는 주인공 아이처럼 1학년이 되어서 자란 때를 떠올려 보고 이야기 이어 가기를 했다.

"친구들, 그림책에 나온 주인공처럼 1학년이 되어서 내가 자란 때를 이야기해 볼까요?"
"아이 앰 그라운드, 자란 얘기 하기."

손뼉을 치고 이야기를 시작했다. 아이들이 말한 걸 받아썼다.

하 : 키가 크려면 잠잘 때 자야 돼요.
원 : 나는 골고루 먹을 때 자라요. 미술학원 혼자 갈 때 자라요.
연 : 밥을 꼭꼭 씹어 먹을 때 자라요. 엄마 올 때까지 기다릴 때 자라요.
찬 : 동생 소현이에게 노래를 불러 줄 때 자라요.
영 : 뛰어갈 때 자라요.
규 : 매운 걸 먹을 때 자라요.
지 : 우유를 먹고 잠을 잘 때 빨리 자라요.
지 : 달리기를 할 때 자라요.
예 : 학교에 올 때 자라요. 엄마 키가 좀 컸어요.
건 : 태권도할 때 자라요. 격파도 해요.
승 : 물을 마실 때 자라요. 슬플 때, 눈물 흘릴 때 물을 먹으면 자라요.
효 : 매운 라면을 먹을 때 자라요. 호호 매워서 물도 마실 때 자

라요.

시 : 엄마의 사랑을 받을 때 자라요.

지 : 나는 편식하지 않고 밥을 먹을 때 자라요. 잘 먹겠습니다.

병 : 공부할 때 자라요. 형아랑 심부름 갈 때 자라요.

태 : 오이 먹을 때 자라요. 오이는 맛있어, 달달해. 맛있으면 또 먹지.

서 : 나는 줄넘기할 때 자라요. 혼자 과학실 심부름할 때 자라요.

춘 : 나는 옷 입을 때 자라요. 점점 몸이 자라요.

세 : 친구랑 놀 때 자라요. 슈퍼맨 놀이 할 때 자라요.

현 : 줄넘기 높이 뛸 때 자라요.

윤 : 언니랑 상상할 때 자라요. 오늘 이야기 숙제는 뭐니. 언니 고마워.

윤 : 나는 공부하면서 생각할 때 자라요. 4 – 2 = □, 답은 2.

소 : 나는 언니랑 줄넘기할 때 자라요.

시 : 내 실내화를 내가 빨았을 때 자라요. 엄마가 칭찬해 주었어요.

예 : 나는 친구랑 놀 때 자라요. 같이 술래잡기할 때 자라요.

예 : 내 짝꿍이랑 놀 때 자라요. 큐브 놀이를 하고 달리기도 해요.

서 : 선생님 말씀을 들을 때 나는 자라요.

"선생님, 이것도 그림책 만들어요. 또 만들어요. 자꾸 만들어요."

"이번에는 친구들이 글과 그림 모두 그려 볼까요?"
"네."

아이들은 날마다 자란다. 하지만 자라는 데 걸리는 시간이나 모습은 다 다르다. 오늘도 다른 친구들이 다 가고 난 교실에 원이랑 영이가 남았다.

"알림장 다 쓰면 맛있는 거 줄 거예요?"
"알림장 쓰고 나면 줄게요."

둘이서 한 줄을 채 못 쓰고 또 묻는다.

"선생님, 저는 글씨는 잘 못 써도 그림은 잘 봐요. 히히히"
"선생님, 글씨 말고 그림으로 그려 가도 돼요?"
"어떻게?"
"이렇게요. 받아쓰기 10급 연습을 10만 쓰고 표 그리고 나서 엄마한테 말해 주면 돼요."
"그건 원시인이 하는 거잖아."
"아니야. 나는 원시인 아니라구."
"싸우지 말고 써 오세요. 그럼 그림책도 한 권 읽어 줄게요."

이 녀석들 두 줄을 채 못 쓰고 다시 수다를 떤다.

"그런데 선생님 나는 오늘 아침에도 울고 왔다요. 그래서 글자를 못 써요."
"왜 울었어요?"
"아빠한테 야단맞고 엄마가 밥 안 준다고 했어요."
"선생님, 그림책에 나오는 애랑 똑같아요."
"응. 그러네. 동생하고 싸웠어?"
"네. 동생이 내 필통을 입에 물었어요. 더럽게."
"그래서 마음이 상했구나."

원이 이야기가 끝나자 이번엔 영이가 이야기를 이어 간다.

"난 4교시에 알림장을 쓸 수가 없어요."
"왜냐면요, 힘이 너무 없어서요."
"그래서 배 깔고 바닥에 엎드려 있었구나."
"네. 그런데 밥 먹고 나면 연필을 들고 선생님 책상까지 오잖아요. 그러면 알림장을 막 쓸 수 있어요."
"에효. 그래도 다른 친구들처럼 급식 먹기 전에 알림장 쓰면 좋을 텐데."

이제 3번까지 쓴 아이들이 물었다.

"그런데 4번은 안 써도 되잖아요. 친구가 좋아하는 행동하기니까."
"아니야. 너는 꼭 써야 돼. 나보고 똥머리라고 놀렸으니까."
"이젠 안 그런다고 사과했잖아. 그러니까 난 안 쓸 거야."

아웅다웅하던 아이들이 드디어 네 줄을 다 썼다. 손에 쿠키 하나씩 쥐고는 《나는 자라요》를 한 번 더 읽고 책가방을 메고는 나를 안아 주고 갔다. "행복하세요"라고 인사를 하면서. 한참 뒤에 운동장에서 신주머니를 돌리며 가는 아이들 뒷모습이 보였다.

되돌아보면 원이와 영이 모두 3월에는 글자를 전혀 못 썼다. 그래도 봄이 지나고 여름이 오니 이렇게 한 바닥이나 쓸 수 있게 되었다. 눈에 보이진 않지만 아이들은 자란다. 그렇게 믿고 여름을 잘 지나야지.

씩씩하게 운동장을 걸어갈 때 아이들은 자란다.

2016년 6월

# 느린 아이

아침부터 툴툴거리던 원이가 기어코 화를 참지 못하고 책상을 둘러엎고 영이 책을 찢었다. 자그만 몸집에서 어떻게 그런 과한 행동이 나오는지 보고도 믿기지 않는다. 말싸움하던 영이도 원이 책가방을 쓰레기통에 던지고 괴성을 지르며 발을 굴렀다.
'아이고, 어떻게 해야 하나?'
아이 둘을 생각하는 의자에 따로 앉혔다. 그런데 원이가 소리를 지르며 욕을 했다. 내 맘도 부글부글. 지난주 원이 엄마랑 통화했을 때

"상담을 받았는데 우울증과 조울증이 있대요. 선생님, 우리 원이 어떡해요?"
"아이고, 여덟 살 아기한테 뭔 이런 몹쓸 일이 생기는지."

할 말이 없었다.

"약을 먹여야 하는지 물어봤어요. 병원에서는 조금 더 지켜보고 처방을 하겠다고 했어요."

그러고는 지난번 상담 때 했던 말을 또 반복한다. 너무 일찍 결혼했고 엄마가 아이를 키울 수 없는 형편이라 아침 일찍부터 밤 늦게까지 놀이방과 유아원 그리고 학원에 아이를 맡겼다고 했다. 다섯 살 되던 때, 아이가 너무 말을 안 듣고 밥도 안 먹어서 혼을 냈는데 그 뒤로 더 눈치를 보게 되었다고 했다. 유아원에서 벌선 날은 오줌을 쌌다고 했다.

"선생님, CCTV가 있어서 괜찮을 줄 알았는데, 아이가 많이 혼나고 벌 받은 걸 나중에 알았어요."
"너무 무섭고 사나운 선생님을 만나서 아이가 늘 힘들어했나 봐요."

지금까지 아이에게 책 한 권 읽어 줄 생각을 못 했다고 한다. 집에 와서는 쉬고 싶고 쓰러져 자다가 밥 먹고 다시 일 나가는 생활을 계속 했다고 한다. 1학년이 되면서 선생님이 읽어 주는 그림책을 가져와 동생에게 읽어 주는 걸 보고 너무 놀랐다고 했다.
사실 원이는 글자를 읽지 못한다. 자음자와 모음자를 구분하고 낱자 몇 개를 읽는 정도다. 그렇지만 그림책을 좋아하고 그림을 보고 지어낸 이야기를 곧잘 말한다. 원이 그림의 특징은 자기가 좋아하는 것만 그리고 검은색과 빨강색만 사용한다. 수업 시간에 앉아 있기를 힘들어하는데다 비염이 있어 늘 킁킁

거리고 재채기를 해서 다른 아이들을 힘들게 한다. 원이 주변은 정리가 안 돼서 늘 어지럽다. 짝이 책과 필통을 정리해 주면 엉뚱하게 화를 내기도 한다. 한마디로 자유로운 영혼이다.
영이는 늦둥이다. 부모님 나이가 많다. 말을 더듬고 가끔 1교시부터 엎드려 잘 때도 있다. 어머니와 이야기를 나눠 보니 아이가 왜 말을 더듬는지 알겠다. 어른들만 사는 집에서 제대로 말을 배우지 못한 것이다. 아주 짧은 단어만 써도 어른들이 알아서 해 주니 의사 표현을 하지 않아도 되는 상황에서 자란 것이다. 학교에 오니 자기 말을 들어주지 않는 아이들과 마찰이 있을 수밖에 없었다. 하지만 영이는 규칙을 아주 진지하게 생각하고 자기 생각과 맞지 않으면 끝까지 따진다.
기질이 다른 원이와 영이는 마음이 맞아 친하게 지내기도 하지만 말싸움이 금방 몸싸움으로 번진다. 원이와 영이를 데리고 잠시 유치원 마당으로 내려갔다. 화를 낸 아이의 작은 몸이 화끈화끈거린다. 구겨진 표정에 땀이 나 있다. 눈에는 눈물이 그렁그렁한데 두 손은 주먹을 꼭 쥐고 있다. 두 아이 모두 씩씩거리며 계속 욕을 한다.
아이들 손을 잡고 유치원 마당에 있는 의자에 앉았다. 나도 힘이 들어 "휴~" 한숨을 쉬었다. 그때 달님반 선생님이 나오셨다.

"선생님, 어머 영이야. 얼굴이 왜 이래?"
"예. 선생님. 원이랑 영이가 싸웠는데 너무 소리를 질러 잠시 데려왔어요."
"선생님, 교실로 가세요. 제가 데리고 있다가 교실로 올려 보낼게요."
"그래도 될까요? 선생님이 힘드실 텐데……."
"괜찮아요. 제가 이야기 좀 할게요."

아이 둘을 달님반 선생님께 맡기고 교실로 올라와 3교시 수업을 마쳤다. 4교시 마칠 때쯤 두 아이가 교실로 왔다. 환한 얼굴이다.

"어서 와. 뭐 하고 왔어?"
"어~ 유치원에 가서 줄넘기 하는데 줄 돌려 주고 이야기도 했어."
"선생님, 우리 이제 싸우지 않는다고 약속하고 왔어요."
"그래. 너무 고맙다. 오늘은 친하게 지내겠네."
"네."

하지만 나는 아이들 말을 모두 믿을 수 없다. 지난 3월부터 지금까지 "이제 ~ 하겠다"던 약속은 하루도 못 간다는 걸 너무 잘 알기 때문이다. 내 생각을 읽은 듯 원이가 말한다.

"선생님, 쟤가 안 싸운다고 했는데 내일 또 할 거예요. 바뀌지 않아요."
"너도 그러잖아. 안 때린다고 하면서 또 욕하잖아."
"니가 먼저 그랬잖아. 나는 아무 말 하지 않았다고."
"또 싸우겠다. 일단 배고프니까 밥 먹자."

급식을 받아서 셋이 같이 앉았다. 밥을 먹다 말고 원이가 물었다.

"자두 내가 먹어도 돼요?"
"엉? 선생님도 안 먹었는데."
"두 개잖아요. 선생님 한 개 먹고 나 줘요."
"그럼 너는 두 개 먹잖아. 안 돼."

영이가 원이의 말을 자른다. 원칙주의자 영이와 자유로운 원이의 말싸움이 또 시작되었다.

"너, 말하지 마. 내가 먹을 거라고."
"야~ 그렇게 싸우면 선생님은 어떡하라고? 너희가 정말 초등학생 맞아? 다른 친구들은 또 얼마나 시끄러운지 알아? 좀."

정말 화가 났다.

"너희 둘 빨리 먹고 가. 나 화났어."

그렇게 두 아이는 집으로 갔다.
'이렇게 하루를 보내도 될까? 초등학생 되기가 참 쉽지 않다.'
한 학기 내내 풀리지 않는 두 아이 문제를 안고 또 하루가 저문다. 학교 화단에 활짝 핀 금계국과 여름 꽃들은 긴 장마에도 온종일 꿋꿋하게 서 있다.
원이와 영이 부모님께 각각 연락을 드리고 아이의 문제에 함께 의견을 모았다. 1학년이 되었지만 초등학생 되기가 생각보다 어려운 아이들이 있다. 또래보다 조금 느린 성장의 시간을 건너가는 아이들. 하지만 포기하기엔 이르다. 지금 아주 큰 문제로 보이는 행동들이 2학년이 되면 자연스럽게 바로잡히는 경우가 많은 것도 사실이니까. 좀 더 기다려 주고 인정해 주는 시간이 필요하다.

DATE.
2016년 7월

# 빨리 보고 싶은 그림책

"선생님 어서 와요."

성이가 1층 복도까지 와서 반갑게 맞아 준다. 그러고는 내 가방을 들어 주겠다고 했다. 우리는 발맞춰 걸으며 어제 일도 이야기하고, 오늘 보러 갈 공연 이야기도 했다.

"선생님, 그림책 잘 읽었어요."
"저두요. 동생한테도 읽어 줬어요."

교실에 들어서니 그림책을 안은 현이랑 윤아가 밝게 웃으며 말했다. 이번 주 월요일부터 우리가 만든 《세상에서 하나뿐인 그림책》 다섯 권을 돌려 읽고 있다. 집에 가져가서 식구들한테 자랑도 하고 읽어 주겠다는 아이들. 순서를 정하고 자기 차례가 될 때까지 기다린다.
우리 반에서 만든 그림책을 집으로 가져가서 식구들과 함께 읽으면 엄마와 아빠들이 편지를 써 주신다. 그 다섯 권에 담긴 이야기들을 돌아가며 읽었다. 그림책이 완성될 때마다 집으로 가져가서 읽고 싶어 하는 아이들이 늘어났다. 그래서 순서를 정해서 3일에 한 번씩 그림책 돌려 읽기를 했다.
원이도 영이도 그림책 가져가기를 무척 기다린다. 화를 내지 않고 기다린다. 영이는 집에 가져가서 누나와 형에게 읽어 주겠다고 자랑을 했다.

> 대견하다, 이제 진짜 여덟 살이구나, 네가 좋아하는 것을 알게 돼서 기뻐, 싫어하는 곤충에 대해 엄마가 알려 줄게. 사랑해, 고마워. — 원이 엄마

> 《나는 자라요》를 읽고 엄마의 사랑을 받을 때와 음식을 골고루 먹을 때가 제일 키가 쑥쑥 자라는 것 같았어요. 처음에는 힘들 것 같았는데 만들고 나니까 기뻤어요. — 서인

> 매운 라면을 먹을 때 자란다는 효석이의 말에 귀여워서 웃음이 나다가, 엄마의 사랑을 받을 때 자란다는 시후의 말에 뭉클하다가, 선생님의 말씀을 들을 때 자란다는 서율이의 말에 이제 마냥 아기가 아니구나, 조금씩 커 가고 있구나 하며 여러 가지 생각이 들었습니다. 유치원 졸업한 지 몇 개월 안 되고 학교 입학하고 적응한 지 얼마 안 되었지만 우리 아이들이 그새 많이 자라고 훌쩍 큰 것 같네요. 우리 1학년 1반 친구들! 앞으로도 늘 귀엽고 해맑게 잘 자라길 바랍니다. — ♡서* 엄마♡

학교에서 오자마자 친구들과 함께 만든 책이라며 자랑하듯 보여 주네요. 아빠, 엄마, 동생 앞에서 친구들의 그림과 글에 대해 한 장 한 장 읽어 주고 설명까지 해 주는 모습을 보니 즐거운 학교생활이 짐작 가더군요. 또한 친구들을 소중히 여기는 모습도 느껴집니다. 1학년 1반 친구들과 태*이의 여덟 살이 행복한 날들로 가득하길 응원합니다. — 태* 엄마가

편지를 읽고 나서 우리는 그림책《할머니의 여름 휴가》를 읽었다. 읽고 나서 이번 여름에 내가 하고 싶은 일, 가고 싶은 곳, 읽고 싶은 책, 그리고 하기 싫은 것도 생각했다.

"선생님, 이것도 그림책 만들면 되겠어요."
"그래요, 그래요, 좋아요."

아이들이 먼저 하자고 한다.

"좋다, 좋다, 무지 좋다."

그래서 또 한 권의 그림책을 만들었다.

"이 그림책도 빨리 보고 싶어요."

"나두, 나두."

글자 쓰기 힘든 원이는 나랑 같이 그림과 글을 쓰고 영이가 그린 그림과 글은 책 짝꿍이 글자를 알려 주면서 그림책을 만들었다. 두 아이가 만든 그림을 포함해서 스물여덟 장의 그림을 칠판에 붙여 두고 함께 보았다.

아이들이 만든 낱장 그림들을 천천히 풀로 붙이며 내 마음도 딱풀처럼 아이들 곁에 딱 붙는 느낌이 들었다. 순간 왼쪽 가슴이 뭉클하고 눈이 뿌옇게 흐려졌다. 일기를 쓰는 지금도 가슴이 뻐근하다.

한 학기를 마무리하며 여름방학을 할 때까지 아이들과 함께 '도서관에서 일주일 지내기'를 하며 천천히 정성껏 재미나게 살아야지. 내일 아침이 오면 읽어 줄 그림책을 들고 아이들이 있는 학교로 막 갈 거다.

DATE.
2016년 7월

# 여름 소리 찾기

7월 공부 주제는 '여름'과 '여름방학'이다. 여름에 관련된 시와 노래를 익히고, '여름 소리 찾기' 놀이를 한다. 또한 여름방학에 하고 싶은 일과 가고 싶은 곳을 생각해 보고 이야기 튜브를 만든다.
어린이 시 〈바람 소리〉를 읽고 이야기를 나누었다.

> **바람 소리**　　　　박철순(구일초 2학년)
>
> 나무 밑에 있으니
> 바람 소리가
> 파라파라거린다.
> 그 소리가 좋다.
> 바람이 피리를 분다.
>
> — 시랑 먼저 놀 거야!, 강승숙, 낮은산, 2014

"선생님, 철순이 형이 2학년이에요?"
"예. 2학년 때 쓴 시예요."

"나무 밑에 있어 본 적 있나요?"
"저요. 할머니 집에 가면 큰 나무 밑에 앉아서 놀아요."
"우와, 얼마나 큰 나무예요?"
"무지 커요. 백 살 먹은 나무예요."
"우와~. 백 살!"
"철순이 형은 바람 소리가 어떻다고 했나요?"
"파라파라거린대요."
"여러분은 어떻게 들렸어요?"
"쏴아~ 쏴아~ 이렇게요."
"소올솔 소오오올솔."
"바람이 피리를 분다고 해서 재미있어요."
"선생님, 내가 좋아하는 소리 말해도 돼요?"

아이들은 자신이 좋아하는 소리를 이야기하고 흉내를 냈다.

석 : 라면이 끓는 소리다. *끄끄끄*, 호로록, *끄끄끅*.
람 : 종이비행기 날리는 소리. 뱰뱰뱰, 하 좋아라.
빈 : 늑대 소리 멋지다. 쿵쿵쿵쿵쿵 쿵, 나는 늑대야.
원 : 꿀벌 소리. 윙윙 슝슝 샤샤.
현 : 물고기 소리가 좋아. 솔솔솔 고로록 솔솔솔
은 : 파도치는 소리가 좋다. 처처처처처처처 처처처처처처 처
　　처처처처 처처처처 처처처 처처 처~

영 : 햇빛 소리 좋다. 쨍쨍 해는 쨍쨍.
민 : 폭풍 치는 소리. 샤샤쿵, 샤샤쿵, 샤샤쿵.
민 : 회오리바람 소리. 획획획.
현 : 잠자리 나는 소리. 위윰위윰, 위윰위윰, 잠잘잠잘.
후 : 수박 깨지는 소리. 쩌억쩍, 싹싹~
웅 : 말벌 나는 소리. A영, A영~~
서 : 달팽이가 기어가는 소리. 미끌미끙 끙끙 가는 소리.
성 : 태풍 소리는 참 좋아. 우루룽 쾅쾅, 휘~익, 한 아이가 태풍 치는 사이 "아이 추워 아! 너무 힘들어." 따라온 멍멍이는 "아! 배고파." 꿀벌은 "난 추락이야!"
현 : 빗방울 소리. 섯섯섯섯 서섯섯 냄새 참 조타.

자신이 한 말을 글과 그림으로 표현했다. 다음 시간은 책 짝꿍끼리 손잡고 도서관으로 나들이를 갔다. 책 속에서 '여름 소리 찾기' 놀이를 했다. 이 활동은 책 짝꿍과 함께 책을 돌려가며 읽고 여름에 들을 수 있는 소리를 표현한 곳을 찾아서 자기 생각을 한 줄 감상 공책에 쓰는 것이다.

"《바람이 좋아요》에 바람 소리가 들어 있어요."
"《앗, 따끔》에도 엉덩이에 주사 맞는 소리가 있어요."
"《할머니 어디 가요?》에 파도 소리가 있어요."
"찾았어요. 《비가 오는 날에》 빗소리도 있고 호랑이 콧소리가 있어요."

"《곤충전설》에 개미도 있어요. 거미랑 나비도 있고요. 매미 소리가 있어요"

"《폭풍우 치는 밤에》늑대 소리랑 폭풍이랑 와~ 다 있어요."

아이들은 책 짝꿍과 같이 소리를 찾은 장면에 붙임종이를 붙이고 그 대목을 한 줄 감상 공책에 썼다. 이 활동은 듣기·말하기, 읽기와 쓰기, 문법과 문학 영역의 성취 기준을, 한 작품을 감상하며 모두 아우를 수 있다.

예를 들면 1학년 국어 핵심 성취 기준 중에서 그림책을 읽거나 들으며 듣는 이를 고려하며 자신의 기분이나 느낌을 말로 표현한다(듣기·말하기(2)), 글자의 짜임을 이해하며 글을 읽고, 읽기에 관심을 가진다(읽기(1)), 자신의 생각을 문장으로 정확하게 표현한다(쓰기(2)), 한글 낱자의 이름과 소릿값을 알고 정확하게 발음하고 쓴다(문법(1)), 글이나 말을 그림, 동영상 등과 관련 지으며 작품을 수용한다(문학(5)) 등이다.

공부를 다 마치고 한 시간 내내 교실 청소를 하고 2학기 새 교과서에 아이들 이름을 써 주었다.

2시부터 학부모 상담을 했다. 오늘 만난 분들은 지난 학기 동안 제일 길게 통화하고 편지를 주고받은 세 분이다. 각각 따로 만나고 다시 함께 만났다. 부담이 되는 자리였지만 시원한 차와 간식을 준비하고 함께 먹으며 이야기를 나누었다. 다행히 부모님들도 다들 서로 오해를 풀었다.

긴 이야기 가운데 우리가 공감한 것은 "지금 우리 아이가 소중한 것처럼 다른 아이도 소중하다는 것. 갈등이 일어나는 것은 한 아이만의 잘못이 아니다"라는 것이다. 다만 아이들이 건강하게 자라고 있다는 것에 감사하다고 서로 위로하며 상담을 마쳤다.

상담을 마친 교실에서 아이들이 쓴 글과 그림을 매만지고 자세히 보았다. 우리 아이들이 찾은 소리는 작고 여린 것들이 내는 소리와 자연의 소리가 대부분이다. 가만히 귀 기울여야 간신히 들리는 소리도 있다.

### 누가 듣나? 　　최은경

햇빛 소리는 누가 듣나?
나뭇잎에 사는 무당벌레가 듣지.
빗방울 소리는 누가 듣나?
흙 속에 사는 씨앗이 듣지.
잠자리 소리는 누가 듣나?
잠 오는 아이가 듣지.
별 소리는 누가 듣나?
노랑 나비가 듣지.

수박 깨지는 소리는 누가 듣나?
형하고 나하고 듣지.
라면 끓는 소리는 누가 듣나?
일요일에 아빠랑 나랑 듣지.
어깨동무 소리는 누가 듣나?
이야기길로 가는 우리가 듣지.

아이들이 그린 그림을 보고 있자니 가만히 시가 왔다. 내일 아침은 이 시를 아이들에게 선물로 주어야겠다. 이렇게 가만히 또 하루가 지나간다.

DATE.
2016년 7월

# 비스듬히 기대어

오늘은 방학하는 날. 모두 모두 즐거운 얼굴이다.
1학기 마지막 수업으로 '시와 그림책으로 놀기'를 한다. 어제까지 함께 읽고 논 동시가 모두 17편이다. '동시랑 놀자' 공책을 펴서 한 편 한 편 읽고 자기가 그린 그림도 살펴보았다. 재미있는 동시는 저절로 외워진다. 권태응 선생님의 〈달팽이〉가 바로 그런 시다.

"선생님, 달팽이는 느림보잖아요. 그런데 달팽이 시를 읽으면 점점 빨라져요."
"달팽이를 외우면 기타를 치는 것 같아요."
"춤추면서 외워도 돼요."
"시가 미끌미끌해요."

입에 짝짝 들어붙은 〈달팽이〉 시를 뒤로 하고 우리는 마지막 동시 〈누가 듣나?〉를 읽었다.

"선생님, 좋아하는 시에 동그라미랑 별표 해요."
"좋아요. 몇 개로 할까요?"

"제일 좋아하는 시엔 50개요. 재미없는 시는 꽝이요."
"나는 250개 줄 거예요."
"나는 500개요."
"좋아요. 그럼 친구들이 제일 좋아하는 시 5편을 골라 볼까요?"

드디어 좋아하는 시 소개하기.

"제일 많은 동그라미와 별을 받은 시는 무엇일까요? 두둥, 두둥."

그 시는 바로 〈누가 듣나?〉(최은경)가 선택되었다. 열여섯 친구들이 제일 좋다고 손을 들었고 생각을 말했다.

"〈누가 듣나?〉는 퀴즈처럼 풀어야 해서 재미있어요."
"선생님이 직접 써서 좋아요."
"반복해서 나오는 말이 재미있어요. 누가 듣나? 누가 듣지. 이렇게요."
"우리 반이 같이 지어서 좋아요."
"〈누가 듣나?〉는 시를 바꾸어 쓸 수 있어요."
"어떻게요?"
"게임기 소리는 누가 듣나? 누나랑 나랑 같이 듣지. 이렇게요."
"〈누가 듣나?〉를 읽으면 내가 주인공 같아요. 수박 깨지는 소리는 누가 듣나? 후랑 나랑 같이 들어요. 좋아요."

두 번째 시는 〈달팽이〉(권태응)다. 여덟 명이 좋다고 했다. 빨리 읽을 수 있고 또 쉽고 재미있고, 달팽이랑 노는 시라서 좋다고 했다. 세 번째 시는 〈엿장수 똥구멍〉(옛 아이들 노래)이다.

> 엿장수 똥구멍은 찐득찐득
> 참기름 장수 똥구멍은 매끈매끈
> 두부 장수 똥구멍은 뭉실뭉실
> 소금 장수 똥구멍은 짭잘짭잘
> 옹기장수 똥구멍은 반질반질

— 가자 가자 감나무, 편해문, 창비, 1998

"이 노래는 읽기만 해도 웃음이 나요?"
"찐득찐득, 짭잘짭잘, 반질반질 말이 재미있어요."
"똥구멍이 재미있어요. 원숭이 똥구멍은 빨강빨강 이렇게 해도 되죠?"

아이들 말처럼 이 시를 읽으면 얼굴이 환해지고 뭔가 맘도 몸도 간질간질해진다. 흥이 생긴다.

네 번째 시는 최승호의 〈초여름밤〉이다.

"별이 진짜 떠오르는 것 같아요."
"부엉이가 달 속에 앉아 있어요."
"여름밤 이야기가 있어요."

마지막 시는 황아현 어린이가 쓴 〈어금니〉이다. 이 다섯 편 외에도 〈바람 소리〉(박칠순), 〈논갈이〉(김오월), 〈무슨 더위〉(유강희)도 좋아하는 시로 뽑혔다. 우리는 좋아하는 시를 쓰고 그림을 그렸다. '내가 좋아하는 시'라는 제목의 시집 한 권이 뚝딱 만들어졌다.

다음은 좋아하는 그림책 소개를 했다. 나는 우리 학교 도서관에서 가장 인기 있는 그림책 중 하나인 《100층짜리 집》《지하 100층짜리 집》《바다 100층짜리 집》세 권을 소개했다. 《바다 100층짜리 집》은 이번 독서교실에서 다룰 그림책이다. 우리 반 아이들에게 방학 동안 꼭 읽어 보라고 이야기를 했다. 마지막 4교시에는 통지표와 1학년 방학 계획표 그리고 내가 만든 방학 계획표를 받았다. 모두 설명을 하고 교실 정리 후에 급식을 먹고 서로 안아 주며 인사를 했다.

"선생님, 내일 와요?"

"개학 언제 해요?"
"일기 매일 써야 해요?"
"선생님, 이제 2학년 되는 거예요?"
"선생님도 2학년 선생님 돼요?"
"엄마랑 도서관 와도 돼요?"

'으악~~ 또다시 설명. 설명.'

"내일은 학교에 오지 않아요. 일기는 일주일에 한두 번만 써도 되고요, 우린 계속 1학년이야, 선생님도 1학년, 도서관 와도 돼요."

이렇게 길고 긴 설명과 배웅과 포옹을 마치고 아이들은 돌아갔다. 오후에는 교실 정리를 하고 여름방학 때 놀이 치료와 심리 검사 받을 아이들 부모님과 통화를 했다. 청소는 다행히 6학년 아이들이 와서 도와주었다. 고맙다. 이제 진짜 방학이다.

한 학기 동안 나는 공기에 기대 선 나무들처럼 그렇게 살았다. 우리 아이들에게, 학부모님께 기대며 살았다. 학년 선생님 여섯 분과 사랑반 선생님, 보건 선생님, 사서 선생님, 상담 선생님께 기댔다. 우리 반 아이들이 들락거려 문제를 일으킬 때마다 전화 주신 문방구 아주머니와 기사님. 운동장의 나무와 꽃과 풀들. 저절로 외워지는 시와 소개하고 싶은 그림책에 기대며 살았다. 모두에게 고맙다.
2학기에도 그렇게 기대면서 살아갈 것이다. 내일 아침은 늦잠을 자고 일어나 느긋하게 아침을 먹고 맛있는 커피를 내려야지. 이제 진짜 방학이다.

DATE.
2016년 7월

2부

# 여름에서
.
.
.
# 가을로

# 맛있는 동화

방학 동안 1급 정교사 연수에서 국어와 아동문학에 대한 강의를 하고 있다. 이번 주는 인천교육연수원에서 1정 연수 강의를 한다. 내가 맡은 주제는 '독서교육의 실제 — 동화 읽는 즐거운 교실'이다. 교실에서 아이들과 함께 나누는 책 읽기의 즐거움, 교사 독서 모임 그리고 학부모 동화 읽기 사례를 소개하고 선생님들이 모둠을 만들어 동화를 읽으며 수업을 실행한다. 지금까지 모두 세 반 선생님들과 만났다.

연수를 받는 선생님들은 독서교육에 대한 딜레마와 고민을 이야기하면서 저절로 한숨을 쉰다. 하지만 "독서록 꼭 써야 하나? 책 읽기에서 가장 중요한 것이 뭐지?" 거꾸로 질문하고 숙고하며 작품을 읽다 보면 나름의 해답을 찾고 환한 얼굴이 된다.

책 읽기는 오롯이 책과 나의 은밀한 관계 맺기다. 열한 살 되던 해 아버지께서 계몽사 세계소년소녀문학전집(초판은 1962년판이었다)을 처음 사 오시던 날은 잊히지 않는다. 빨간색 표지에 흰색 간지로 그림 있는 곳을 가려 놓은 책들 중에서 《소공녀》 세라를 처음 만났던 순간. 세상은 온통 나를 위해 존재했고 '나도 세라처럼 세상이 모르는 비밀을 가진 아이가 아닐까?'

설레는 마음으로 잠을 이루지 못했다. 나의 책 읽기는 세라와 함께였고 《비밀의 화원》을 거쳐 《빨간 머리 앤》과 《삐삐 롱 스타킹》 그리고 《산적의 딸 로냐》로 이어졌다.

> '읽다'라는 동사에는 명령법이 먹혀들지 않는다. 이를테면 '사랑한다'라든가 '꿈꾸다' 같은 동사들처럼. '읽다'는 명령문에 거부 반응을 일으키는 것이다. 물론 줄기차게 시도해 볼 수는 있다. "사랑해라!" "꿈을 가져라!"라든가, "책 좀 읽어라, 제발!" "너, 이 자식, 책을 읽으라고 했잖아!"라고. 효과는? 전혀 없다.
>
> 교육을 전혀 염두에 두지 않았을 때, 우리는 얼마나 훌륭한 교사였던가!
>
> 그렇다고 무슨 기적 같은 일이 일어났다는 것은 아니다. 그 같은 장족의 발전을 이루기까지 교사가 한 일이라곤 거의 없다. 책 읽기의 즐거움이란 결코 멀리 있지 않았다. (……) 소설은 '소설처럼' 읽혀야 한다는 사실을, 다시 말해 소설 읽기란 무엇보다 이야기를 원하는 우리의 갈구를 채우는 일이라는 것.
>
> ─소설처럼, 다니엘 페낙, 이정임 옮김, 문학과지성사, 2004

다니엘 페낙의 이야기처럼 무슨 기적 같은 일이 일어났다는 것은 아니지만 아이들과 함께 동화와 그림책을 읽고 시를 맛보며, 옛이야기의 숲속을 걸을 때마다 아이들과 나 사이, 책과 아이들 사이는 깊고 그윽하며 아주 넓고 환한, 누구나 자유롭게 자신의 이야기를 할 수 있는 이야기판이 벌어진다.
1학년 아이들에게 사계절에서 나온 〈웃는 코끼리〉 시리즈 동화를 읽어 줄 때였다.

"선생님, 유은실 동화 참 맛있어요."
"그래요?"
"예. 보세요. 된장찌개는 맛있다. 밥에다 비벼 먹으면 최고다. 점심은 김치찌개였다. 김치찌개는 맛있다. 밥에 말아 먹으면 최고다."
"밥에다 비벼 먹고 밥에 말아 먹고 이렇게 맛있는 동화는 처음이에요. 재미있어요. 또 읽어 줘요."

이런 이야기가 아이들 입에서 불쑥 튀어나온 날은 너무 기분이 좋다. 왜냐하면 재미있는 이야기는 날개를 달고 아이들 손과 마음을 거치며 새로운 이야기를 만들어 내기 때문이다.

"맛있는 동화가 또 뭐가 있는지 찾아보세요."

이런 주문을 하면 눈 밝은 아이들은 저마다 쓴맛, 단맛, 짠맛, 신맛, 새콤한 맛들이 담긴 책과 이야기를 찾고 소개한다.
'책에 무슨 맛이 있어? 동화가 먹는 거야?'
이렇게 생각하면 독서란 가장 무모한 모험이고 황당한 놀이가 될 수 있다. 그렇지만 아이들은 그런 모험과 황당함과 무모함에 정신과 영혼을 빼앗긴다.
우리 교실에 있는 그림책 중에서 이와이 도시오 연작《100층짜리 집》《지하 100층짜리 집》《바다 100층짜리 집》은 손때가 묻어 나달나달하다. 층마다 숨은 그림을 찾으면서 100층이라는 어마어마한 공간을 손과 눈으로 직접 즐긴다.
'101층엔 뭐가 있을까?' '200층엔 뭐가 있을까?' '저 우주에는 뭐가 있을까?'
남자아이들이 가진 공감각 능력이 한껏 부풀어 아이들의 상상은 끝없이 펼쳐진다. 단지 읽어 주었을 뿐인데. 공부가 아니고 교육적 의도가 전혀 없는 순정한 관계에서 우리는 그림책 세계를 맘껏 탐닉할 수 있었다.

"선생님, 저는 이번 연수를 마치고 아이들에게 읽어 주고 싶은 책이 생겼습니다."
"이태준의 《엄마 마중》입니다. 왜냐하면 저도 어릴 때 혼자 엄마를 기다린 적이 많습니다. 열쇠를 가져오지 않은 날은 아파트 계단에서 어두워질 때까지 보란 듯이 기다리고 있었어요. 엄마가 회식 있는 날은 누나 손을 잡고 골목길 끝까지 나가서 기다리곤 했어요. 우리 반 아이들 중에도 저 어릴 때랑 비슷한 아이들이 많습니다. 그 아이들과 이 작품을 나누고 싶어요."
"저는 이 그림책을 읽고 기형도의 시 〈엄마 걱정〉이 생각납니다."
"이중섭 그림 〈돌아오지 않는 강〉도 비슷한 느낌이에요."
"이원수 동화책을 읽고 아이들과 토론하고 싶습니다."

선생님들의 반응은 청출어람이었다.

"아동문학을 공부하고 싶습니다. 어떻게 하면 좋을까요?"

이렇게 진지하게 묻는 몇몇 선생님들과는 점심밥을 먹으며 마치 오래전에 만난 동무들처럼 동화와 동시와 문학에 관해 수다를 떨었다.

"오늘 이 연수는 잡곡밥 같습니다. 처음 먹을 때는 까칠하고 넘기기 어렵지만 몸에 좋고 교사에게 양식이 되는 그런 연수였습니다."
"저는 이번 연수를 평양냉면이라고 생각합니다. 왜냐하면 아직까지 먹어 보지 못했지만 먹고 싶은 평양냉면처럼 동화 읽어 주기를 해 보고 직접 맛보고 싶은 마음이 들었기 때문입니다."
"유기농 당근사과주스입니다. 달콤하지만 몸에 좋은 비타민을 줄 수 있는 주스처럼 함께 읽고 생각한 동화들로 우리 반 아이들에게 줄 당근사과주스를 만들 수 있을 것 같습니다."

선생님들의 반짝이는 눈과 싱싱한 미소가 지금도 눈에 선하다. 동화와 그림책을 잔뜩 담은 가방을 들고 교실에 들어설 때마다 처음 만난 선생님들이 선뜻 가방을 받아 주고 책 정리를 도와준다. 세 시간 동안 몰입해서 연수에 참여하는 선생님들의 모습은 볼 때마다 흐뭇하다. 따뜻한 마음의 교감과 환대를 받을 수 있어 매 시간 새롭게 교안을 만들고 맛있는 책들을 골라 가방에 담는다.

10년 뒤 이 젊은 선생님들은 어떤 모습으로 성장할까? 10년 뒤 이 선생님들에게 오늘 나의 이야기와 강의는 어떤 모습으로 기억될까? 이제 수요일이면 인천 강의를 마친다. 또 어떤 새로운 이야기가 우리를 기다리고 있을까?

하루를 마무리하며 오래전 읽은 기형도 시집 《입 속의 검은 잎》을 꺼내 묵은 책 냄새를 맡으며 책 속으로, 넓은 시의 품 안으로 빠져든다.

### 엄마 걱정 　　　　기형도

열무 삼십 단을 이고
시장에 간 우리 엄마
안 오시네, 해는 시든 지 오래
나는 찬밥처럼 방에 담겨
아무리 천천히 숙제를 해도
엄마 안 오시네, 배추잎 같은 발소리 타박타박
안 들리네. 어둡고 무서워
금간 창 틈으로 고요히 빗소리
빈 방에 혼자 엎드려 훌쩍거리던

아주 먼 옛날
지금도 내 눈시울을 뜨겁게 하는
그 시절, 내 유년의 윗목

# 말이 열리는 교실

2학기 개학을 했다. 아침부터 우렁찬 매미 소리가 교실을 가득 채우고도 남았다. 칠판에 커다랗게 매미 그림을 그렸다.

"오~ 우리 선생님 그림 잘 그린다."

아이들 칭찬에 어깨가 으쓱으쓱. 책과 영상으로 본 '매미'에 대해 새롭게 알게 된 것을 이야기한 후 매미 소리에 귀를 기울였다. 아이들은 매미 소리를 이렇게 표현했다.

횡횡횡 횡~ : 자동차 브레이크 소리 (지*)
찌릉찌릉 찌찌지지익 : 경찰 사이렌 소리 (승*)
윙윙 위~~~~잉 : 큰 날개 (영*)
미용미용 밍~ 빔빔비이이이 : 자동차 소리 (연*)
매앰매앰 매매매매 애애애애 : 귀여운 곤충 모습 (태*)
밍밍밍 미~~~~~잉 : 바람 소리 (하*)
미엥미엥미엥 ~~~~미 : 경보기 (예*)
위유위유위유 유유융 : 매미 손님들이 탄 기다란 기차 (예*)
웨이웨이웨이웨~~~이 : KTX 타는 매미 (지*)

"선생님, 오늘 공부는 매미에 대해 알아보는 거예요?"
"네. 매미를 주제로 공부할 거예요."
"책에 안 나오는 동시도 천천히 오랫동안 맛볼 거예요."
"왜 천천히 해야 돼요?"
"왜 천천히 맛볼 거라고 얘기했을까요?"
"우리가 직접 보고 들어야 하니까요."
"천천히 해야 잘 아니까요."
"매미는 확 다가가면 울지도 않고 가만히 있으니까요."
"음~ 매미 소리를 들으려면 가만히 눈 감고 천천히 들어야 되니까요."

시 세 편을 읽고 맛보았다. 먼저 탁동철 선생님 반 아이들이 쓴《까만손》에 실린 어린이 시 한 편을 천천히 보았다.

돌매미                        박명호

비 오고 매미가 운다.
이얼지 이얼지 이얼지
이얼찌낃 이이이이이이
찌징찌징찌징 쫍쫍쫍쫍

— 까만손, 오색초등학교 어린이들 지음, 탁동철 엮음, 보리, 2002

소리 내어 시를 읽어 주었다. 그리고 한 줄씩 바꿔서 읽고 아이들이 모두 읽었다. 세 번을 읽고 나서 이야기를 나누었다.

"이 시는 어때요?"
"소리가 많아요."
"음이 많아요."
"소리로 재미를 느껴요."
"'이'가 많아요."
"'ㅇ'이 열 개가 넘어요. 천 개나 돼요."
"글자가 많이 없어서 좋아요."
"이이이이이이는 점점 크게 읽어야 돼요."
"'쫍쫍쫍쫍'은 점점 작게 읽어요."
"왜 그렇게 생각하나요?"
"이이이이이이는 나 여기 있어, 하는 거고, 쫍쫍쫍쫍은 수액 먹느라 바빠서 작게 해요."
"코를 움찔거리면서 읽으면 재미있어요."

소리를 작게 했다 크게 해서 읽고 토끼 코처럼 움찔거리면서 읽다 보니 웃음이 터졌다.

"선생님 캠핑장에서 매미를 잡았어요. 제가 놔주려고 했어요. 근데 매미가 아니었어요."

"그럼 뭐예요?"

"허물이었어요."

"저도 매미 잡았다가 너무 작아서 놔줬어요."

아이들 이야기를 따라 두 번째 시를 읽었다.

> 매미　　　　　　　　최호철
>
> 교회에 가는데
> 매미가 있다.
> 땅에 떨어져 있길래 잡았다.
> 매앰 매앰 소리를 낸다.
> 눈을 감고 자세히 들어 보니
> (놔줘-), (놔줘-) 한다.
> 나무에 붙여 주었다.

— 개구리랑 같이 학교로 갔다, 밀양 상동초등학교 어린이 20명 지음,
　이승희 엮음, 보리, 2004

6행에 (　　)를 쳐 두고 시를 소개했다.

시를 천천히 읽어 보았다.

교회에 가는데/(가는데 가는데)
매미가 있다/(엎드려 있다.)
땅에 떨어져 있길래 잡았다/(잡았다 잡았다)
매앰 매앰 소리를 낸다./(매앰 매앰 매앰)
눈을 감고 자세히 들어 보니/(들어 보니 들어 보니)
(　　), (　　) 한다./(어?)
나무에 붙여 주었다./(끝)

내가 시를 읽으니 아이들 몇이 추임새를 넣었다. 두 번째 읽을 때는 추임새가 더 흥겨웠다.

"가는데 가는데, 있었다 있었다."
"자~ 이 시의 괄호 안에 무슨 말이 들어갈까요?"
"살려 줘. 살려 줘."
"붙여 줘. 붙여 줘."
"올려 줘. 올려 줘"
"나 좀 냅 둬 줘."
"끙, 끙"
"그래요. 원래 시에는 바로 놔줘-, 놔줘- 이런 말이 들어 있어요."
"놔줘가 무슨 뜻인가요?"
"아, 놔줘-는 놓아줘. 이런 뜻이에요."

"호철이 형은 착해요. 매미가 불쌍하니까 나무에 놔줬어요."
"칭찬해 줘요."
"이 시는 어떤 점이 재미있나요?"
"매미는 장면이 있어요."
"아이가 겪은 장면이 있어요."
"어떤 장면인지 알아볼까요?"

말 잇기로 장면 찾기를 했다.

  ① 교회에 간다.
  ② 매미를 본다.
  ③ 매미를 잡고 눈 감고 듣는다.
  ④ 매미가 놔줘- 소리친다.
  ⑤ 나무에 붙여 준다.

모두 다섯 장면을 찾았다.

"아~ 그럼 이 장면에는 누가 나오나요?"
"아이, 매미, 나무요."
"누가 주인공인가요?"
이 질문을 하자 여러 가지 이야기가 나왔다. 매미가 주인공이라고 하는 데는 두 가지 이유가 있었다.

"제목이 매미이기 때문에 그리고 매미가 소리를 쳤기 때문에 알 수 있었다."

하지만 주인공이 아이라는 의견이 더 많았다.

"아이의 생각을 썼잖아요. 눈을 감고 자세히 들어 본 경험이 있으니까요. 내가 직접 하고 보고 한 걸 시로 썼는데 그 내가 아이예요."
"마지막에 나무에 붙여 주었다로 끝나기 때문에 말하는 아이가 주인공이죠."

우와~ 시적 상황과 어조와 시에서 말하는 이(화자)까지 모든 것을 예민하게 알아차리는 아이들.

"너희들 정말 1학년 맞아? 어떻게 이렇게 시에 대해 잘 알지? 멋져, 멋져!"
"읽어 봤으니까요."
"선생님, 이 시를 연극으로 할 수 있어요. 봐요. 간다, 붙잡고 오고 붙이고 해 봐요."
그래서 우리는 역할을 맡아 이 시로 네 번이나 상황극을 해 보았다. 마지막에는 하고 싶은 아이가 너무 많아 매미도 세 마리, 나무도 세 그루, 아이도 세 명이 무대에 서서 한바탕 매미

소동이 일어났다.

"선생님, 매미 그려도 되고 접어도 되죠?"
"그렇지, 그렇지."
"도서관에 가서 종이접기 책 빌려 올게요. 어디 있는지 알아요."

대답도 듣기 전에 바람처럼 달려가는 두 아이.
도화지에 시를 쓰고 그림을 그렸다. 교실 뒤에서는 색종이 접기 교실이 열렸다. 작은 매미도 접고 어른 매미도 접었다. 그래서 아홉 번째 그림책은 《매미 동시집》으로 시 그림책이 만들어졌다. 쉬는 시간 시 그림책을 보면서 아이들이 말했다.

"원이가 그린 매미는 진짜 살아 있어요."
"선생님, 이 그림에 나오는 아이 내가 그려 줬어요."

세이가 작게 말했다.

"고마워. 세이야. 그래서 원이가 화를 안 내고 잘 노는구나."
"선생님, 원이 나무에 매미 좀 봐요. 잘 그렸죠?"
친구들이 그림을 보며 칭찬을 해 주니 원이가 오전 내내 즐겁게 잘 지낸다. 전래동요 매미를 배우고 리듬 치기도 익혔다.

"선생님, 지금 몇째 시간이에요?"
"지금 넷째 시간이야."
"벌써? 나는 종소리 못 들었는데."

깜짝 놀라는 아이들.

"선생님, 오늘 그림일기 쓸 것 있어요."
"근데 나는 못 쓸 것 같아요. 재미있는 건 금방 잊어버려요."

석이가 근심 어린 얼굴로 말했다.

"괜찮아. 한 줄만 써도 되고, 오늘 공부한 것 식구들한테 이야기해 주면 돼."
"좋아요. 그럼 할 수 있어요."

천천히 오래 정성껏 시를 읽은 날. 아이들의 말과 생각이 열리는 순간. 서로의 글과 그림을 좋아하고 이야기를 들어 주던 시간. 그 시간이 쌓이면 어느 날 갑자기 아이들이 시를 쓰겠다 하지 않을까?

DATE.
2016년 8월

# 규칙과 순서 정하기

"내가 학교 일등 왔어."
"바둑판은 내가 일등으로 찜했어."
"9월 달력은 내가 일등 발견했어."
"급식 내가 일등 먹었거든."
"받아쓰기 놀이 백 점 받았어."

요즘 우리 반 아이들은 툭하면 "일등", "백 점"이라는 말을 외친다. 어저께 숨은 그림과 낱말 찾기 놀이를 하는데도 서로 일등으로 마쳤다고 해서 말싸움이 났다. 누군가 일등이라고 말하는 순간 화를 내는 아이들이 많아졌다. 왜 그럴까?
다른 선생님들도 지금 1학년 아이들이 예전보다 자기중심적인 행동을 더 많이 한다고 했다. 놀이를 할 때 규칙과 순서를 정하는 것이 무척 어렵다. 유치원에서 순서를 기다리는 법을 익혔을 텐데 자기 차례를 기다리는 일을 못 견뎌 하는 아이가 많다. 가위질도 어려워하고 술래를 정할 때도 자기 생각만 하는 아이들이 많다. 모든 순간에 자기가 주인공이 되어야만 하는 아이들. 이 아이들에게 필요한 교육은 어떤 것일까?
수학 시간에 100까지 수를 알고 그 크기를 비교하는 공부를 했다. 바둑알을 한 주먹씩 잡고 어림잡아 숫자를 생각한 후 실제로 세어 보는 놀이다. 교실에 있는 바둑알과 공기, 레고, 블록의 수를 알아맞히는데 또 일이 터졌다. 학습지를 먼저 한 민이가,

"다했다. 일등!"

하고 소리쳤다.

"내가 먼저 말했다고."
"아니야, 민이가 먼저 말했고, 그 다음이 너야."

친구들 말에 원이가 화가 나서 발을 구르고 가방을 던지고 씩씩거리며 교실 뒤로 나갔다.

"원이, 너 지금 교실에서 나가면 집으로 가는 거지? 선생님이랑 친구들하고 헤어지는 거지?"

내가 엄포를 놓으니 쓰레기통을 차고 화를 냈다.

"그게 아니라고, 내가 먼저 말했다고."

계속 이 말만 되풀이하며 어쩔 줄 몰라 했다. 아이의 손을 잡

고 눈을 맞추며 자리로 가자고 했다. 계속 난폭해지는 아이를 교사 책상 옆에 앉혀 두고 아이들에게 물었다.

"친구들, 뭐가 문제일까요?"
"원이는 아무것도 아닌데 화를 내요."
"아무것도 아닌 게 뭔가요?"
"일등 하는 거요."
"먼저 하는 거요."
"그럼 어떻게 하면 좋을까요?"

곰곰이 생각해도 뾰족한 수가 없다.

"우리는 진정한 여덟 살이니까 여덟 번 참아요."
"원이가 이번에 참았으니까 한 번 참았고 일곱 번 남았어요."

친구들 말을 듣더니 그제야 일곱 번 남았다며 자기 자리로 갔다. 쉬는 시간이 되자 스티커 문제로 또 싸움이 났다. 모두 자기가 먼저 봤고 주웠다는 거다. 아이들을 조용히 시키고 그렉 피졸리의 그림책 《네가 일등이야》를 폈다.
'네가 일등이야'를 크게 칠판에 썼다.

"선생님, 내가 일등이야 아니에요?"

"응, 네가 일등이야."
"에이~ 시시해. 그럼 내가 일등이 아니잖아요."
"일등 아니라서 기분이 나빴던 적이 있나요?"

아이들은 저마다 일등이 아니어서 기분 나빴던 일이나 슬펐던 일, 억울한 일을 말했다.

"어~ 유치원 때 내가 달리기 일등 했는데 1학년 때는 이등 해서 기분 나빴어요."
"내 동생은 내가 먼저 왔는데 자기가 먼저 왔다고 말해서 안 좋아요."
"우리 아빠는 내가 일등 해야 한다고 말해요."
"학습지 일등 풀면 스티커 주는데 삼등 해서 못 받았어요."

남보다 먼저 하지 못한 아이들 대부분이 실패의 기억을 가지고 있다. 일등만 상품을 주고 백 점을 맞아야 선물을 사 주는 어른들의 모습이 고스란히 아이들에게 전염되었다. 그래서 더 빨리 더 먼저 백 점을 맞아야 하는 생각이 굳어지는 건 아닐까.
그림책 주인공 멍멍이도 아이들과 꼭 닮았다. 자동차 경주에서 늘 일등을 한 멍멍이는 차에도 1이란 숫자가 그려져 있다. 늘 일등만 하던 어느 날 가장 친한 코끼리 친구 메기에게 일등을 빼앗긴다. '내가 어떻게 질 수가 있지?' 생각하며 밤잠을 설쳤다. 다음 날 다시 자동차 경기에 나간 멍멍이는 친구와 인사도 안 하고 말도 않고 출발했다. 그리고 일등으로 달리는데 그 앞으로 아기 새 다섯 마리가 지나갔다. 결국 꼬마 멍멍이는 일등을 포기하고 멈춰 서서 아기 새들을 차에 싣고 천천히 달려 꼴찌로 도착했다. 하지만 친구들은 꼬마 멍멍이를 향해 소리치며 폭죽을 터트렸다.

"진짜 일등은 너야."

그림책을 다 읽고 나서 이야기 나누기를 했다.

"꼬마 멍멍이는 어떤 인물인가요?"
"내가 꼬마 멍멍이라면 그 다음 날 대회에 못 나갔을 거예요. 부끄럽고 창피해요. 그래서 멋져요. 용감해요."
"멍멍이는 일등 하는 게 중요해요. 그런데 아기 새를 구해 주고 꼴찌를 했어요."
"그래서 친구들이 네가 일등이야 했구나."
"일등을 포기했지만 일등이란 칭찬을 받았어요."
"여러분이 멍멍이라면 어떻게 했을까 생각해 보세요."

매일 일등만 하던 멍멍이의 선택과 흔들리는 마음에 대해 생각하는 시간을 가졌다. '일등 하겠다'는 아이도 있고 '아빠 새한테 연락하겠다'는 의견도 있었다. 아이들의 마음도 역시 흔들렸다.

"그런데 멍멍이는 왜 일등만 하고 싶었을까요?"
"그게 중요하니까요."
"그럼 다른 친구들은 어떨까요?"
"저요. 일등은 중요하지 않아요. 메기랑 다른 친구 차에는 일등이 적혀 있지 않아요. 그래서 꼭 일등 하지 않고 그냥 재미있게 놀아요."

아이들 말에 칭찬해 주고 나서 다시 물었다.

"그럼 원이는 뭐가 중요할까요?"
"원이는 일등 하고 싶었나 봐요."
"선생님 나는 일등 안 해도 돼요. 원이가 일등 해도 돼요."
"나는 민이를 칭찬해 주고 싶어요. 왜냐하면 민이는 달리기도 잘하니까요."
"아~ 우리 훈이는 칭찬하는 게 중요하구나."

이 책을 읽고 나서 쉬는 시간이 되었다. 원이네 모둠 아이들은 나무 블록을 쌓으며 수 놀이를 했다.

"원아, 너 일등으로 좋아하는 색이 뭐야?"
"핑크, 그리고 이등은, 삼등은, 꼴찌는?"

일등이 중요한 원이와 칭찬이 중요한 병희랑 소이랑 윤아가 같이 모둠 학습지를 꾸몄다.

"선생님, 원이가 아무것도 아닌 걸로 화를 낸 게 아니에요. 답답했대요. 다른 친구가 말을 안 들어줘서. 그런데 화를 두 번 참았다고 했어요."
"그래요. 고마워요."

흔들리는 멍멍이처럼 하루에도 몇 번씩 출렁거리는 원이의 마음을 지켜봐 주는 친구들이 있어 아이는 오늘도 학교에 오고 하루하루 생활한다. 원이의 문제를 자기 일처럼 생각하고 양보해 가는 아이들은 무엇을 느끼는 걸까? 그 아이들은 원이를 동생처럼 감싸 주고 보살피는 것을 힘들어하지 않는다. 그냥 재미있게 노는 것으로 생각한다. 자기보다 느린 친구를 돌보며 '나와 너 그리고 우리'의 관계 맺기를 배우고 익히는 것이다.

# 아이들의 소원

9월 15일이 한가위다. 다음 주 '추석'을 기다리며 여러 활동을 한다. 오늘 아침에는 후가 '풍등 이야기'를 들려주었다.

"풍등은 큰 풍선 모양이고 밑에 초를 달아서 하늘로 띄우는 거야. 태권도 사범님이 추석 선물로 준다고 했어. 그런데 나무가 많은 곳에서 날리면 불이 나니까 넓은 곳에서 날리라고 하셨어."

후의 말에 아이들은 자기가 아는 풍등에 대해 이야기를 했다.

"풍등은요 소원을 써서 날리는 거예요."
"색깔도 되게 예뻐요."

아이들 이야기를 씨앗으로 '추석에 하고 싶은 일'을 공부했다. 그림책《달이 좋아요》를 읽었다. 깊은 밤, 혼자 깨어 있는 아기 부엉이는 하늘에서 두둥실 내려온 노란 조각들을 보게 된다. 달 조각을 만지자 몸이 두둥실 떠오른 아기 부엉이는 달에 가서 달토끼를 만나고 보름달을 색칠한다. 며칠이 지나자 보름

달이 뜨고 이를 축하하는 뻥튀기가 하늘로 솟아올랐다. 아기 토끼는 달목걸이와 뻥튀기를 선물로 받고 집으로 돌아온다.

"정말 달에 갔어요?"
"달은 우주에 있는데 어떻게 갔지?"
"우주인은 우주복을 입고 가야 하잖아요."

아기 부엉이가 달에 가는 순간부터 남자아이 몇이 계속 질문하고 아니라고 어떻게 이런 이야기가 있냐고 말꼬리를 잡았다.

'이건 상상이야. 달을 좋아하는 아기 부엉이의 상상 체험이라구!'

이런 말을 생각하고 있는데 예인이가

"응, 이건 아기 부엉이가 달 조각을 손에 만져서 마법이 생겨나서 가는 거야."
"그리고 달 토끼들은 이마에 달 문신이 있으니까 우주복 없어도 사는 거지."

또랑또랑한 예인이 말 한마디에 남자아이들은 말꼬리를 내리며

"그래, 그래. 맞아. 나도 달 토끼 보고 싶다."

이런다. 이럴 땐 그저 참아야지 하면서 숨 한 번 쉬고, 참을 인 자를 생각한다. 그림책 읽기를 하고 나서 윤석중 선생님의 동요 〈달〉을 배웠다.

"나, 이거 피아노로 칠 줄 알아요."

후가 어깨를 으쓱거린다.

"이 노래는 언제 부를까요?"
"보름달 떴을 때요."
"그럼 보름달 보면서 무슨 생각을 했나요?"
"달이 참 예쁘다."
"달에 가 보고 싶고, 누가 사나 궁금해요."
"달 토끼가 보고 싶어요."
"우주인도 만나고 싶어요."
"그런데 달은 왜 밤에만 빛날까 이렇게 생각해요."

윤아의 질문에 과학 박사 민이가 아주 과학적으로 설명을 했다.

"지구가 둥글잖아요. 이렇게 돌아가니까 달이 보이는 곳에만 달이 뜨는 거지."

"어려워요. 민이가 뭐라고 하는 거예요?"

"음~ 어렵다. 달이 왜 밤에만 밝게 보이는지는 5학년 형이 되면 더 자세히 알 수 있어요."

여기까지 이야기를 나누고 우리는 달 노래를 주거니 받거니 하면서 여러 번 불렀다.

둥근 달을 그리고 "달님 ㅇㅇㅇ의 소원을 들어주세요. 제 소원은요, ~~~"라고 소원을 적고 소원 달을 오려서 교실 가득 달을 붙였다.

영 : 포켓몬스터 카드 많이 주세요. 할머니가 포켓몬스터 카드를 사 주세요.

춘 : 엄마, 아빠와 행복하게 둘러봐 주세요.

병 : 우리 엄마가 오래 잘 살게 해 주세요.

하 : 내 소원은 학교 선생님이 되는 거예요.

예 : 내 동생들이 잘 크게 해 주세요.

서 : 우리 가족 행복하게 해 주세요. 또 유현이가 안 아프게 해 주세요.

태 : 게임을 하고 싶어요. 라면도 먹고 싶어요.

찬 : 아빠가 마크 게임을 할 수 있게 해 주세요. 소현이가 건강하게 자라게 해 주세요.

현 : 운솔이를 내 친구로 만나게 해 주세요. 이사 가게 해 주세요.
지 : 영원히 엄마가 화 안 내게 해 주세요. 그리고 달에 가고 싶어요.
윤 : 우리 가족이 부자가 되게 해 주세요. 빨리 이사 가게 해 주세요.
서 : 오빠와 안 싸우게 해 주세요. 또 우리 가족 모두 건강하게 해 주세요.
지 : 다마고치 4.0 갖고 싶어요. 언더테일도 하고 싶어요.
시 : 엄마의 생일이 돼서 행복하게 지내고 싶어요.
시 : 저는 태권도 시범단 되게 해 주세요.
승 : 엄마랑 행복하게 지내게 해 주세요.

소원을 말하는 희야의 이야기는 내 마음을 울컥하게 만든다.

"선생님은 가족이 몇 명이에요?"
"네 명."
"우리는 모두 일곱 명인데요, 여섯 명이 남자예요. 아들 다섯 명이랑 아빠까지. 제가 둘째예요. 그래서 엄마가 딸 하나만 있으면 좋겠대요. 엄마가 너무 힘들다고 했어요. 우리 엄마가 건강하게 오래오래 살았으면 좋겠어요."

아영이 이야기도 가슴에 남았다.

"이사를 가고 싶어요. 우리 집은 지하인데 방에서 길이 보여요. 우리 집 위 1층이랑 2층에 사람이 살아요. 아빠가 부자가 되면 빨리 이사 갈 수 있다고 했어요. 1층에 살고 싶어요."

우리는 친구들의 소원을 듣고 모두 모두 다 이루어지도록 눈을 감고 기도했다.

"선생님, 그런데 보름달한테만 말해야 돼요? 오늘 밤에 말해도 돼요?"
"그럼요. 날마다 간절하게 바라면 이루어질 거예요. 그런데 선생님 소원은 무엇일까요?"
"저요. 우리가 선생님 말 잘 듣고 건강한 거예요."
"원이가 화 안 내는 거요."
"우리가 싸우지 않는 거요."
"우리가 글자도 잘 알고 밥도 잘 먹는 거예요."
"선생님 오래오래 살아요. 선생님이 아프면 우리는 누구랑 공부해요?"

후의 말에 아이들이 모두 어리둥절한 얼굴로 서로 바라보았다.

"교장 선생님."

이렇게 말했더니 안 된다고 하면서 선생님이 아프면 선생님 집에 가서 공부하면 되지 왜 교장 선생님이랑 하냐면서 따지듯이 물었다.

"그럼 교감 선생님."

그랬더니 그래도 안 된다고 했다.

"그럼 선생님, 선생님 안 아픈 것도 소원으로 적을게요. 우리가 빌어 줄게요" 한다.

이런 따뜻한 말을 주고받으며 첫 시간을 말랑말랑 따뜻하게 보냈다. 2교시는 안전대피 훈련으로 소방차가 와서 시범을 보이고 화재 예방 교육을 했고, 3, 4교시에는 바른 자세와 마음가짐으로 인사 나누기 수업을 했다. 알림장을 쓰면서 오늘은 가족들에게 무슨 소식을 전할까 했더니 〈달〉 노래 들려주기와 소원 이야기를 들려주고 아침과 저녁에 인사 나누기도 하자고 했다.

오락가락 비가 오다 햇볕이 쨍쨍했던 오늘 하루가 이렇게 지나간다. 우리 아이들이 기다리는 추석도 저기 저곳까지 와 있고 달나라엔 달 토끼들이 분주하게 달을 칠하고 있을 거다. 일기를 쓰고 나서 희야 엄마랑 통화를 했다. 소원 이야기를 했더니 어머니가 울먹이며 말을 잇지 못했다.

"그래도 이렇게 엄마 생각 하는 아들이 있어서 정말 든든하겠어요. 축하해요."
"선생님, 아이가 저를 잘 챙겨 줍니다. 제가 팔목이 많이 아픈데 뜨거운 물에 수건을 적셔 와서 꾹꾹 눌러도 주고요, 지난번에 선생님이 보내 주신 머핀도 동생들하고 잘 나누어 먹었어요. 고맙습니다."

우리는 서로 힘내자며 다정한 인사를 하고 통화를 마쳤다. 아영이 어머니는 바쁘셔서 문자만 주고받았다. 다른 일 때문에 힘들었던 내 마음도 보름달처럼 환해졌다.

DATE.
2016년 9월

# 제목은 왜 정할까

이틀 동안 현장체험학습을 다녀온 민이가 학교에 왔다. 민이 이야기를 들으며 하루를 시작했다.

"토요일에 식구들하고 공룡 박물관에 가서 진짜처럼 생긴 공룡들을 보았어. 정말 똑같아서 놀랐어. 그리고 월요일에 놀이공원에 갔어. 높이 올라가는 바이킹도 타고 전기차도 탔어. 바비큐도 먹었어. 재미있었어."
"우와~ 진짜 공룡을 봤어?"
"아니, 공룡 모형이라고 크게 만들어서 똑같아 보여."
"티라노사우루스도 봤어?"
"응, 제일 먼저 봤어. 무시무시하게 생겼어. 익룡도 봤는데 날개가 대따 커."
"정말 바이킹을 탔다고?"
"그게 중급 바이킹이야. 아빠랑 같이 탔거든. 아, 그리고 뗏목도 탔다."

친구들의 질문에 자세하게 설명을 해 주는 민이를 보며 참 잘 커 간다는 생각이 들었다.

"여러분 오늘 민이가 한 이야기 잘 들었지요? 그럼 민이가 겪은 이야기의 제목을 정해 볼까요?"
"공룡 전시관과 놀이공원 간 날이 좋아요."
"2박 3일간의 여행이 더 괜찮은 것 같아요."
"그냥 현장학습이라고 해도 돼요."
"좋아요. 그럼 세 가지 제목이 각각 무엇을 잘 나타내는지 설명해 보세요."

① 공룡 전시관과 놀이공원 간 날
② 2박 3일 여행
③ 현장학습

"공룡 전시관과 놀이공원 간 날은 제목만 봐도 어떤 내용인지 딱 알 수 있어요."
"①은 제목을 보면 와~ 나도 가고 싶다는 생각이 들어서 좋아요."
"②는 언제까지 자고 놀다 왔는지 잘 알 수 있어요."
"지민이가 파파타운을 2박 3일간 다녀온다는 말이 생각났어요."
"③은 현장학습 때 말 타고 말 먹이 준 일이 생각나요. 이것저것 할 수도 있어요."

친구들의 말을 듣고 제목으로 적당한 것이 무엇인지 생각 나누기를 했다.

"①은 말이 길어요."
"②는 날짜만 있고 내용은 없어서 궁금한 게 많아요."
"③은 우리 반이 간 현장학습 이야기잖아. 이렇게 제목을 붙이면 다른 사람들이 헷갈려서 잘 모를 거예요."
"맞아요. 민이가 한 건 아니니까 ③은 아니에요."

그래서 다시 생각을 정하고 손을 들어 보았다. ①번이 18명, ②번이 8명, ③은 1명 이렇게 나와서 민이 이야기의 제목은 '공룡 전시관과 놀이공원 간 날'로 정했다.
2학기 국어 5단원 5~6차시 학습 주제가 '이야기의 제목 정하는 방법 알아보기'이다. 민이의 이야기를 듣고 이야기의 제목을 정하는 과정에서 왜 제목이 필요한지, 어떤 제목이 좋은 것인지 알아보았다. 글의 제목은 가장 중요한 내용이나 글 쓴 사람의 생각이나 느낌을 나타내는 것이고 재미있게 붙이면 더 읽고 싶은 마음이 생긴다는 것을 알게 되었다. 이후 교과서에 나온 이야기를 읽고 제목 붙이기를 쉽게 할 수 있었다.
아이들의 삶에서 드러난 경험과 관심을 붙잡아 내용을 알아보고 제목을 붙이는 공부는 아이들이 스스로 신나서 하는 공부다.

이번에는 시의 제목을 정하는 방법을 알아보기로 했다.
재미있는 말놀이로 최승호의 동시 〈속삭인다〉를 읽었다. 《최승호 시인의 말놀이 동시집 4》 비유편에 실린 동시다. 제목은 쓰지 않고 시를 필사했다.

( )                최승호


칠흑 같은 밤
잎사귀는 잎사귀랑 속삭이고
풀벌레는 풀벌레랑 속삭이지
이슬은 이슬이랑 속삭이고
방울새는 방울새랑 속삭이지
바람은 누구와 속삭이나
짝이 없는 외톨이 바람은
숲과 속삭이지

'칠흑 같은 밤'이나 '방울새'란 말을 처음 듣는 아이들.

"이슬이 뭐예요?"

하고 묻는 아이도 있었다.

"칠흑 같은 밤은 너무 깜깜해서 아무것도 보이지 않는 그런 밤이에요."

방울새는 사진을 찾아 보여 주었더니

"몸이 노란 방울처럼 생겨서 방울새라고 했나 봐요."

라고 했다.

"잎사귀는 잎사키처럼 보여요. 웃겨요."

시를 읽고 나서 내가 시인이라면 어떤 제목을 쓸까 생각해 보았다. '밤, 바람, 속삭이지'라는 생각이 많았다.
밤에 쓴 시라는 느낌이 들어서 밤이라는 제목을 쓰겠다는 아이와 바람이 외톨이 바람이 되니까 바람이라고 하겠다는 아이도 있고 속삭이지가 가장 많이 나오기 때문이라고도 했다.

"이 시의 원래 제목은 '속삭인다'입니다. 왜 속삭인다고 썼을까요?"
"밤이니까 작은 목소리로 말해요."
"속삭이지라는 말이 계속 나오니까, 제일 많이 쓰니까요."
"그런데 시인은 어떻게 속삭이는 걸 알고 있나요?"

"음, 상상해요. 가만히 앉아서 들어요."
"바람은 혼자니까 여럿이 뭉치면 태풍이 되면 속삭이지 않고 와왕와왕 울고 떠들잖아요."

이 시를 아주 작은 목소리로 속삭이듯 다시 읽어 보았다. 또 속삭이듯 말할 때가 언제인지 생각해 보았다. 동생이 자고 있을 때, 엄마가 소파에 누워 있을 때, 밤에 아빠가 왔을 때, 수업 시간에 말할 때, 무서운 이야기 할 때, 고마운 말을 할 때, 선물을 줄 때는 속삭이며 말하는 거라고 했다.

"나랑 친구 할래? 이렇게 말할 때도 속삭이며 해야 돼요."
"맞아요, 그 친구만 알아들을 수 있게 해야 돼요. 왜냐하면 부끄러워서."
"그럼 지금부터 속삭이듯 말하기 놀이를 시작하겠습니다."
"선생님, 궁금한 게 있어요."

손을 들고 웅이가 물었다.

"우리가 〈속삭인다〉를 다 썼고 읽었죠, 긴 줄넘기도 잘 했죠, 가을 책도 다 배웠죠."
"맞아요. 그러니까 칭찬 알이 28개가 된 거죠."

우리는 계산이 정확한지 알을 세어 보기로 했다. 검정 알 5개, 파랑 알 12개, 빨강 알 3개면 모두 20개가 되고, 왕알이 2개니까 1개에 4개씩이면 8개, 정말 28개가 되었다. 시를 읽다 말고 계산을 하고 나서 갑자기 마법 주머니를 보여 달라고 했다. 나는 장을 열고 커다란 사탕 단지를 꺼냈다. 포도 맛 젤리를 하나씩 나누어 주면서 속삭이듯 말했다.

"고마워요. 친구들. 칭찬하게 해 줘서."
"고마워요. 선생님. 포도 맛 좋아해요."

현이랑 후가 속삭이듯 말했다.

# 책이 꼼지락꼼지락

〈개구쟁이 산복이〉를 읽고 주인공 상상해 보기를 했다.

개구쟁이 산복이   이문구

이마에 땀방울 송알송알
손에는 땟국이 반질반질
맨발에 흙먼지 울긋불긋
봄볕에 그을려 가무잡잡
멍멍이가 보고 엉아야 하겠네
까미 기 보고 아찌야 하겠네

— 개구쟁이 산복이, 이문구, 창비, 2017

〈개구쟁이 산복이〉를 읽고 떠오르는 장면을 그림으로 그렸다. 아이들 그림 속 산복이는 지난 주말 가족과 함께 열심히 놀던 우리 반 아이들과 닮았다.

"선생님, 산복이랑 노마랑 닮았죠?"

"응, 그렇구나. 나는 산복이랑 노마처럼 우리 반 친구들도 잘 놀고 잘 자라고 있다고 생각해요."
"그러니까 오늘도 3교시에 놀러 나가야죠?"
"음~ 오늘은 할 일이 따로 있어요. 내일 나가요."
"안 돼요, 안 돼요. 나가자, 나가자."
"생각해 볼게요. 그럼 국어책을 펴 주세요. 산복이랑 노마처럼 잘 노는 범이를 만나러 가자구요."

그림책 《책이 꼼지락꼼지락》을 보았다. 교과서에 소개된 이 그림책은 앞표지와 뒤표지가 연결되어 하나의 이야기를 품고 있다. 면지는 숨은그림찾기의 재미를 맛보게 한다. 책보다 게임을 더 사랑하는 주인공 범이는 우리 반 남자아이들과 닮았다.

> 엄마가 부르면 빨리빨리 대답하라고 했지!
> 어떻게 된 애가 게임만 시작했다 하면
> 누가 업어 가도 모를 정도로 푹 빠지니
> 도대체 누굴 닮아서 이러는지 모르겠다.
> 그리고 엄마가 말했지!
> 하루 종일 게임만 하지 말고
> 책 좀 보라고!

— 책이 꼼지락꼼지락, 김성범 글, 이경국 그림, 미래아이, 2011

"우와! 우리 엄마랑 똑같다."
"우리 엄마도야."

범이가 엄마 잔소리에 등 떠밀려 방으로 들어가는 장면에서 아이들은 자기 일처럼 편을 들었다. 그림책 속 인물들을 정식으로 초대한 범이가 직접 도깨비 집으로 가 몰래 커다란 도깨비 방망이를 가지고 나오는 장면에서 아이들의 말이 터져 나왔다.

"도깨비만 책에서 못 빠져나왔어요."
"범이가 초대를 안 해서 그래요."
"겁이 많아서요."
"도깨비가 빨가 벗고 옷을 안 입어서 부끄러워서 못 나와요."
"그래요? 또 어떤 생각이 드나요?"
"범이의 상상 속에서 일어난 일이니까요."
"다른 친구들이 너무 많으니까 부끄러워요, 옷을 안 입었으니까."
"도깨비가 방망이를 잃어버려 힘이 없으니까요."
오호! 작가의 의도를 그대로 알아채는 아이들.
이렇게 재미난 상상 놀이는 엄마의 등장으로 단번에 끝이 난다.

"엄마 소리가 나니까 왜 모두 숨었나요?"
"상상 속이니까 엄마는 안 보여요."

"엄마는 눈이 없어요. 상상하는 힘이 없으니까요."
"엄마는 범이의 초대를 받지 않았으니까요."
"우리 엄마도 이래요."

건희가 정색을 하고 말했다.

"우리 엄마가 '뭐 하고 있어?' 이렇게 말하면 우리는 모두 얼음이에요."
"우리도 엄마가 '밥 먹자' 하면 빨리 밥 먹으러 가야 해."
"아빠랑 놀고 있는데 엄마가 와서 손 씻고 숟가락 놓고 뭐 하고 뭐 하고 하면 절대 가만 있으면 안 돼요. 저는요 소띠고 우리 아빠는 토끼띤데요 우리 엄마는 호랑이띠예요. 무서워요."
"아침에 꿈 세상에 있는데 엄마가 '세수해!' 이렇게 말해요. 그럼 일어나야 해요. 꿈도 다 깨고."

나는 교과서에 아이들의 말을 재빠르게 받아 적었다. 쉬는 시간에 다시 보고 알아볼 수 있게 수정했다. 하지만 엄마의 방해에도 아이들은 여전히 놀 궁리를 한다.
교과서엔 수록되지 않았지만 그림책 뒷면지에는 초대하지 않은 도깨비가 책 속에서 슬그머니 나오고 있기 때문이다. 아무리 방해해도 놀기를 멈추지 않는 것이 아이들의 생명이자 힘인 것이다. 책을 읽고 나서 '내가 초대하고 싶은 책과 주인공'을 소개하기로 했다.

## 내가 초대하고 싶은 책

예 : 반쪽이, 반쪽이가 내 동전도 부술 수 있는지 보고 싶어서.
찬 : 종이봉지공주, 주인공은 종이봉지공주이고 예쁘니까 초대하고 싶어요.
건 : 두껍아 두껍아, 주인공은 두꺼비고 귀여워서 깜찍해. 재미있어. 두꺼비가 집 짓는 거.
병 : 수박수영장, 주인공 이름은 수박입니다. 나도 수박수영장에 데려가 달라고 하고 싶고 같이 놀자고 하고 싶다.
승 : 내 이름은 대서양, 주인공은 고래예요. 도둑이 들어왔을 때 고래가 물리치니까.
태 : 앗! 따끔. 주인공 이름은 준혁이입니다. 악어로 변할 때 재미있어.
소 : 미안하고 고맙고 사랑해, 주인공 이름은 아이입니다. 내가 초대하고 싶은 이유는 햄버거 먹고 싶어서다.
연 : 아프리카 초콜릿, 주인공 이름은 아프리카 생쥐입니다. 생쥐가 귀여워서 키우고 싶어요.
서 : 나는 자라요, 주인공 이름은 꼬마아이입니다. 초대하고 싶은 이유는 귀여워서입니다. 또 나도 많이 자라고 싶습니다.

효 : 내가 초대하고 싶은 책 이름은 내가 제일이다. 책 주인공은 노마입니다. 담에 올라갈 때 큰소리칠 때 재밌어요.

지 : 마녀와 빗자루, 초대하고 싶은 이유는 나도 날고 싶어서입니다. 야호~

영 : 앗! 따끔, 콧물은 줄줄, 열은 펄펄 나는데 준혁이는 주사 맞는 것이 무서워요. 자꾸 요리조리 도망가고 싶어요. 주사는 정말 아픈 걸까요? 준혁이의 이야기를 들어 보세요.

윤 : 초대하고 싶은 책은 무지개 물고기와 흰수염고래입니다. 주인공은 무지개 물고기입니다. 반짝이가 예쁘고 착한 물고기니까.

'초대하고 싶은 책 그리기'를 마치고 친구들이 그린 책 그림을 나누어 보았다. 그러고서 아이들의 소원대로 운동장으로 나갔다. 볼링놀이 교구를 가지고 번갈아 가며 놀았다.

오늘 하루 수업은 잘 부풀어 올라 맛있게 구워진 빵 같다. 40분의 경계를 넘어 책 읽기의 즐거움을 경험하는 과정에서 아이들은 스스로 하고 싶은 활동을 찾아내고 놀이처럼 해 나갔다. 이렇게 아이들의 집중과 교사의 의도가 잘 반죽되어 만들어지는 수업은 맛있고 즐겁다.

하지만 그 과정이 평온한 것만은 아니었다. 1교시 쉬는 시간 교실 바닥에 쏟은 우유를 닦고 책을 말리던 일부터 복도에서

잡기 놀이 하던 아이들 진정시키기, 또또 상자에 색종이 없다고 골이 나 물건을 던지는 원이를 안아 주고 또 야단친 일, 언제 어디서 튀어나올지 모르는 사건 사고를 헤치고서야 4교시를 무사히 마쳤다. 점심 식사 후에는 원이를 가르치는 한글 지도사 선생님과 2학기 한글 익히기 과정을 함께 고민했다.

다시 교실로 와서 부지런히 청소를 하고 난 뒤 연구실에 모여서 11월 행사와 교육과정, 평가에 대해 협의했다. 그리고 혁신학교 보고 관련으로 담당 선생님들과 모여 협의할 일정을 조절하는 메신저를 주고받으며 사전 회의 자료를 만든 다음, 내일 수업에서 쓸 전통 문양을 복사해 두었다. 아이들 일기에 편지를 써 주어야 하는데 이건 집으로 가져와서 했다.

관심을 갖고 있는 '역사 동화' 관련한 소논문엔 아직 손도 대지 못하고 있다. 금요일 같은 월요일이다. 하지만 내일 아침 아이들에게 초대받은 교실로 가야 한다.

"은경샘도 초대할게요!"

아이들이 불러 주니 갈 수 있는 것이다.
교사는 초대받은 사람이다.

# 처음 시 쓴 날

10월의 마지막 날이다. 아침 열기로 시 맛보기를 했다.

공기놀이　　　　　손혜진

공부 시간에
만지작만지작
쉬는 시간 언제 오냐.

쉬는 시간 오면
친구들하고
한 시간쯤 하고 싶어.

– 쉬는 시간 언제 오냐, 초등학교 93명 아이들 쓰고
　전국초등국어교과모임 엮음, 휴먼어린이, 2012

"선생님, 이 시가 너무 좋아요."
"짧아서 쉽게 외울 수 있어요."
"공기놀이 나도 하고 싶어요."

"만지작만지작이 재미나요."

"혜진이 마음이 잘 드러난 곳을 찾아볼까요?"

"쉬는 시간 언제 오냐예요."

"한 시간쯤 하고 싶어도 그래요."

"그럼 만지작만지작 대신에 어떤 말을 넣어도 될까요?"

"쭈물쭈물이요."

"꼼지락꼼지락"

"짭짤 짭짤"

"짤짤 짤짤"

"좋아요. 그럼 한 시간쯤 대신에 무슨 말을 넣고 싶어요?"

"하룻밤, 두 시간, 일 년, 새벽까지, 백 년, 할아버지 될 때까지, 구름 없어질 때까지, 천 년 동안……."

시에 들어 있는 낱말을 바꾸는 과정을 거쳤다. 시 공부에서 가장 묻고 싶던 질문을 했다.

"좋아요, 그럼 여러분들이 천 년 동안 하고 싶은 게 있나요?"

"그네 타기, 철봉, 놀이터 가기(미끄럼틀), 책 읽기, 게임, 레고, 악어 게임, 맛있는 먹방, 도티담쓸, 태권도, 합기도……."

"이렇게 하고 싶은 마음을 어떻게 나타내면 좋을까요?"

"시를 써요."

"우리도 시를 써요."

드디어 아이들 입에서 시를 쓰자는 말이 나왔다. 3월부터 지금까지 매주 한 편의 시를 읽고 이야기를 나누었다. 아이들은 시를 읽고 그림도 그리고 생각을 나누는 과정을 거친 후 바로 지금 이 시 한 편을 읽고 자신들도 시를 쓰겠다는 의지를 가지게 된 것이다. 시를 향한 마음이 100℃가 될 때 어린이의 시 〈공기놀이〉가 바로 비등점이 된 것이다.

"네~ 그럼 시 맛보기 공책에 제목과 이름을 쓰고 시를 써 봅시다."
"천 년 동안 하고 싶은 일이죠?"
"네. 여러분이 하고 싶은 일을 시로 써 보세요. 제목은 다르게 해도 됩니다."

한참 동안 고민하는 아이도 있고 한순간 떠오르는 생각을 꼭 붙잡아 휘리릭 써 내려가는 아이도 있었다. 교실은 조용하지만 치열한 전장 같다. 자신의 생각을 글로 나타내는 가장 위대한 일을 하고 있는 27명의 전사들.

"꼭 일기 쓰는 것 같아요."
"한 줄로 쓰는 것 같아요."
"그림 그려도 되지요?"
"좋아요. 시를 쓰고 나서 조용히 두세 번 읽어 보면서 내 마음이 잘 나타났는지 느껴 보세요."

"말이 없어. 글자가 없어."

원이는 자기가 천년만년 하고 싶은 일을 글자로 쓰지 못하는 것을 불평하며 괴로워했다. 원이만 그렇게 힘들어하는 게 아니었다.

"원아, 그럼 하고 싶은 걸 그림으로 그려. 그리고 선생님에게 말을 해 줘."

원이는 그림을 그리고 원이의 말은 내가 받아썼다. 그제야 얼굴이 환해진다. 마음이 후련하다고 했다. 이제 시를 발표할 시간. 모두들 자기 생각을 쓴 시를 낭송했다.

"선생님, 우리 정말 잘했죠?"
"정말 잘했어요."
"그럼, 우리 진짜 나가서 놀아요. 천년만년 놀아요."

시 맛보기 공책을 정리하고 운동장 놀이터로 달려 나갔다. 운동장 두 바퀴를 뛰었다. 처음엔 나를 따라오며 뛰었는데 두 바퀴가 되니까 다들 앞으로 쭉쭉 뛰어나갔다. 오늘 놀이는 '경찰이 되어 도둑 잡기'도 하고 '무궁화 꽃이 피었습니다'도 했다. 잘 놀고 들어온 우리는 맛있는 사탕을 나누어 먹었다. 그리고 한복 옷 입히기 놀이를 했다. 마치는 시간에 윤아가 시 한 편을 더 썼다고 했다. 제목은 '처음 시 쓰는 시간'이다. 함께 시를 읽고 들었다.

### 처음 시 쓰는 시간     임윤아

시를 쓰다 보니
벌써 쉬는 시간이다.
시를 쓰는 건 생각을
해야 해!
그래서 힘들어!
하지만
다 쓰고 나면
너무 뿌듯해
시끌벅적
쉬는 시간이
찾아왔다.

오는 11월 24일에 동아리 활동 발표를 한다. 우리 반은 '내가 쓴 시 소개하기'와 '말놀이 연극'을 발표하려고 한다. 아이들이 쓴 시를 보니 동아리 발표회도 힘들지 않게 준비해서 할 수 있겠다. 우리 반에서 한 내용을 잘 정리해서 동학년 선생님들과 함께 나누어야지.

시를 읽고 쓰면서 아이들 마음속으로 쏘옥 스며드는 듯했다. 그래선지 싸우는 아이 없이 4교시가 평화로웠다. 아이들의 시 쓰는 모습을 보며 나도 시를 썼다.

**그네 타기**　　　　　김춘*

천년 동안 그네 타야지
천년 동안 그네를 타니까
다리가 아프겠다.

**책 읽기**　　　　　전예*

책은 재밌는 내용이 많이시 좋다.
공부 시간에 팔랑팔랑
쉬는 시간 언제 올까?
쉬는 시간 오면 공부 시간
내내 보고 싶어.

**만화 보기**　　　　　이효*

만화 보는 게 좋다

누워서 만화 보는 게 좋다
평생 동안 누워서 만화를
보거다
이제 만화만 보거다
평생 동안 보거다.


**고래에서 지내기**　　　변지*


고래 등 위에서 뭘 하고 노나?
물 위에 떠다니며 놀지
고래 입속에서 뭘 먹나?
고래 입속에서 고래 뜯어 먹지


**철봉**　　　　　　　배규*


내가 천년 동안 하고 싶은 것은
철봉입니다.
철봉은 재미쓰니까
저는 철봉을 좋아합니다.
철봉을 하면 하늘까지
보입니다. 그래서 난 철
봉이 좋습니다.

## 처음 시 쓰는 날     최은경

우리들은 1학년
천년만년 하고 싶은 일로
시를 쓴다.

교실 가득
들숨과 날숨이 부풀어 오르고
시는 나비가 되어
아이들의 어깨 위로
가만가만
날아온다.

**처음 시를 쓴 오늘, 나는 아이들이 시를 쓰는 과정을 보면서 '사고와 낱말'의 관계를 숙고할 수 있었다.**

사고 안에 동시에 포함되어 있는 것이 말에서는 순서적으로 펼쳐진다. 사고는 모여드는 구름에 비유될 수 있다. 이 구름은 낱말의 빗방울을 세차게 쏟아낸다. 따라서 사고에서 말로의 전이는 사고를 나누어 그것을 낱말로 재구성하는, 대단히 복잡한 과정이다. 사고가 낱말과 일치하지 않을 뿐 아니라 심지어 그것을 표현하는 낱말의 의미와도 일치하지 않기 때문에 사고로부터 낱말로 사는 길은 반드시 의미를 거쳐야 한다. (…) 사고에서 말로의 직접적 전이는 불가능하며 언제나 복잡한 길의 건설이 요구되기 때문에 사람들은 말의 불완전성에 대해 불평하며, 사고의 표현 불가성에 대해 개탄스러워한다. 이를 극복하기 위해 낱말들을 융합하려는 시도, 즉 새로운 단어의 의미를 통해 사고로부터 말로 통하는 새로운 길을 만들려는 시도가 생겨난다.

– 생각과 말, 레프 세묘노비치 비고츠키, 배희철·김용호 옮김,
  살림터, 2011. 665~666쪽


아이들은 '하고 싶은 일'을 '철봉', '그네 타기', '태권도', '책 읽기', '만화 보기' 등 다양한 낱말로 표현했고 심지어 '고래에서 지내기'라는 환상적 의미를 지닌 낱말을 만들어 냈다. 이 과정에서 자신의 생각을 꼭 알맞은 낱말로 드러내야 하는 힘든 작업에 참여하여 새 길을 열어 간 것이다. 아이들은 모두 시인이다.

# 아이들의 굉장한 선언

어제 읽은 〈구멍 난 그릇〉으로 이야기 나누기를 했다. 이야기 나누기의 핵심은 바로 '네 생각은 무엇이니?'이다.

"남을 돕는 착한 일을 하고 나면 어떤 기분이 드나요?"
"마음이 좋아요."
"자랑스러워요."
"용돈 받아서 좋아요."
"그럼, 착한 일 하면 칭찬만 받지 않고 다른 것도 받나요?"
"네. 저는 5백 원에서 천 원 받아요."
"저는 5천 원도 받았어요."
"고모 심부름을 하고 만 원도 받았어요."

고개를 끄덕이며 다시 물었다.

"꼭 돈을 받아야 하나요?"
"네. 엄마가 먼저 말해요. 얼마 준다고."
"아니에요. 그냥 칭찬만 받아요."
"맛있는 것 사 줘요."

"저는 그냥 해요. 동생이 세 명이니까 계속 해야 해요."
"친구들 이야기를 들으니까 도와주는 일은 그냥 하는 일이기도 하고 자랑스러운 일이기도 하고 또 용돈을 받고 맛있는 걸 먹을 수 있어 기쁜 일이기도 하네요. 그런데 여러분처럼 심부름하는 아기 너구리가 있어요. 함께 읽어 보고 생각해 봐요."

〈또야 너구리의 심부름〉을 읽었다.

"또야, 가서 콩나물 사 온."
엄마가 또야한테 심부름을 하라는군요.
엄마 너구리는 지금 바느질하느라 바쁘거든요. 그것도 삯바느질이어서 오늘 안으로 일을 마쳐야 한대요.
"응, 콩나물 사 올게."
아기 너구리 또야는 엄마가 건네주는 장바구니랑 천 원짜리 한 장을 받아 들고 돌아서 방을 나왔어요.
"옛다, 이걸로 뭐든 사 먹으렴."
엄마 너구리는 또야에게 백 원짜리 동전 한 닢을 줍니다.
또야가 묻습니다.
"이것 심부름하는 값이야?"
"아니, 심부름은 그냥 하는 거고 백 원은 그냥 주는 거야."
엄마의 대답에 그제서야 또야는 함빡 웃습니다.
돈 백 원이 심부름 값이라면 아무래도 찜찜하잖아요. 엄마가 시키는 일에 어떻게 값을 받겠어요.

— 또야 너구리의 심부름, 권정생 외, 창비, 2002, 58~60쪽

"또야 너구리는 무슨 일을 하였나요?"
"엄마 심부름 가요, 콩나물 사러."
"저도 그런 적 있어요."

아이들 경험과 맞닿아 있는 이야기라 도입부터 아이들의 마음을 사로잡았다. 또야 너구리는 콩나물을 사고 막대 사탕을 사면서도 계속 '백 원 자랑'을 한다. "이 돈 백 원 말이지 엄마가 그냥 줬어요"라고.
심부름을 마치고 엄마와 사탕을 나눠 먹으려 역시 엄마가 제일 좋았고 막대 사탕도 굉장히 맛있다며 행복해한다. 이야기가 주는 가장 큰 울림은 엄마와 또야 너구리의 관계에 있다. 심부름을 시키고 하는 일이 서로 대가를 치르고 보상을 받는 관계가 아니라는 것을 보여 준다. 또야 너구리는 심부름 한 값을 받는 것은 불편하고 찜찜한 마음이 든다고 했다. 그저 엄마를 도와주고 싶은 아이의 있는 그대로 순정한 마음을 읽을 수 있다.

"또야 너구리는 어떤 인물인가요?"
"또야 너구리는 생각이 많아요."

"우리 반 남자아이들하고는 너무 달라요. 개구쟁이가 아니에요. 왜냐하면 엄마 심부름을 그냥 하잖아요."
"엄마도 달라요. 심부름은 그냥 하는 거고 백 원은 그냥 주는 거라고 했어요."
"여러분은 이야기를 읽고 어떤 생각이 드나요?"

아이들은 자기 생각을 말했다.

"엄마 심부름을 잘하자."
"나중에 커서 엄마를 많이 도와드리라는 거죠?"
"먹을 거는 자기가 골라서 먹자, 이런 생각이요."
"아이고, 그렇구나. 그럼 또야 너구리가 심부름하면서 계속 이야기하는 건 뭘까요?"
"엄마 심부름은 그냥 하는 거다. 백 원도 그냥 받는 거고요."
"어떻게 생각해요?"
"저도 콩나물 2천 원어치 사 올 때 그냥 했어요."
"언니랑 같이 마트 가서 상추 살 때 그냥 사 왔어요."
"동생하고 놀아 주라고 하면 그냥 놀아 줬어요."
"그런데 엄마가 치사할 때도 있어요."
"제 지갑에 돈이 있으니까 지갑을 가져가 놓고 엄마가 다 써요."
"우리 엄마도 그래요. 세뱃돈 많이 받으면 다 가져가고 저금했다고 하나도 안 줘요."

"엄마가 언니랑 오빠랑 같이 가서 심부름할 때는 돈 주면서 사 먹으라고 해요. 그런데 그건 심부름 값은 아니에요."

아이들은 대부분 엄마가 좋기 때문에 심부름은 그냥 하는 거라고 했다. 또야 너구리를 통해 작가가 이야기하고자 하는 것을 알아채는 것이 기뻤다. 그런데 하이의 말에 우리는 다시 이야기를 시작해야 했다.

"심부름 말고 다른 거 말해도 돼요?"
"네. 그럼요."
"우리 할머니는 심부름은 그냥 하라고 하는데 받아쓰기 백 점 받으면 천 원 준다고 해요. 천 원을 그냥 주면 안 되는 거예요?"
"우리 할머니도 그래요. 천 원 주고 백 점 받으래요."
"아빠가 백 점 열 개 모아야 자전거 바꿔 준다고 했어요."

정말 난감했다. 나도 무슨 말을 해야 할지 몰랐다. 그런데 아이들이 이렇게 말했다.

"백 점 받아도 천 원을 받지 않겠다고 하면 돼요."
"천 원을 포기하는 건가요?"
"나는 백 점 안 받아도 칭찬 받는데 엄마가 열심히 해서 80점이나 받았다고 칭찬해요."

"와~ 좋겠다."
아이들은 희가 부러운 듯이 말했다.
이렇게 이야기를 나누면서 두 시간을 보냈다. 우리 반에서 하는 칭찬 왕관 모으기도 혹시나 거래가 아닐까 생각해 본다.

"칭찬 왕관은 어때요?"
"선생님, 칭찬 왕관은 그냥 하는 건 안 받잖아요. 우리가 어려운 걸 열심히 잘하면 받으니까 괜찮아요"
"맞아요, 돈 주는 게 아니고 젤리 사탕 받는 거니까 괜찮아요."

칭찬 왕관 3단계를 완성한 아이들. 이제 4단계 칭찬 태극기 도전도 열심히 할 거라고 했다.
3~4교시에는 《우리나라》 마지막 활동으로 무대책 만들기를 했다. 아이들은 열심히 했다. 혼자 시작한 아이들이 짝끼리 또 모둠끼리 하더니 나중엔 한 분단이 다 책상을 붙이고 앉아서 서로서로 도와주며 27명 모두가 다 마칠 수 있었다.
칭찬 왕관을 주려고 했더니 "그냥 도와줬어요" "40개 다 모았으니까 괜찮아요" 한다.
"괜찮아요" 하는 아이들 말에 돌이켜 생각해 본다.
나와 아이들의 관계도 '교환이나 거래'가 아닌 '사심 없는 가르침과 배움, 도움과 기쁨일까?'
우리는 아이들에게 착한 일을 하고 남을 배려하는 마음을 가지라고 한다. 그렇게 하면 어른에게 칭찬을 받거나 상을 받게 된다는 것이 결론이다. 하지만 작가 권정생은 남을 돕는 것은 칭찬받거나 보상을 받기 위해 하는 것이 아니라는 것을 보여주었다. 아이들의 말을 들어 보면 여기서 한 발 더 나간 문제의식을 느낄 수 있다.

학생이 공부하는 것이 당연한 일인데도 어른들은 시험 잘 치는 것을 돈으로 바꿔치기를 하고 있다.(알고 보면 어린이날이나 생일도 그렇게 선물과 돈으로 소비되고 있다.) 그렇다면 백 점을 못 받은 아이(공부를 못하는 아이)는 정말 아무것도 받을 수 없다는 말이 된다. 더 나아가 지금 이 사회가 청년들을 각자도생 혹은 약육강식의 논리로 그들의 현재와 미래를 닫아 버리는 것과 다르지 않다. 철저히 계급과 자본의 논리라 하겠다. 아이들은 말한다.

"천 원을 받지 않겠다."

굉장한 선언이다. 1학년 아이들의 이 말이 바로 우리가 함께 키우고 가꾸어 가고자 하는 어린이 시민, 미래 시민의 모습이 아닐까.

2016년 11월

3부

# 가을에서
...
# 겨울로

# 비밀 친구

"우와~ 편지 많이 왔다."
"마니또가 쓴 거야."

월요일 아침부터 비밀 친구에게 편지를 받은 아이들은 싱글벙글했다. 오늘의 비밀 친구 놀이는 '비밀 친구 관찰하기'와 '함께 놀기' 두 가지로 정했다. 잘 관찰해서 내일은 칭찬 편지를 쓰자고 했다.
우리는 주말에 쓴 일기를 모아 함께 읽었다. 김장한 이야기를 쓴 친구가 다섯 명이나 되고 결혼식 간 이야기와 교회에서 행사를 한 이야기 그리고 가족들과 함께한 이야기가 대부분이다. 민이랑 석이는 자기 일기는 보여 주기 싫다고 접어 왔다. 예서는 자기 일기를 꼭 함께 읽고 싶다고 해서 씩씩한 목소리로 발표했다.

> 어제 엄마, 아빠랑 수리산에 갔다.
> 오늘은 꼭 정상에 오르겠다고 맘먹었고, 점심으로 라면을 챙겼다. 산에 가는 중간에 아빠가 팥배라는 열매를 따 주셨다. 처음에는 조금 망설였는데, 막상 먹어 보니

까 새콤달콤한 사과 맛이 났다.
'와! 팥배가 이런 맛이구나!'
조금 더 가다 보니 동고비라는 예쁜 새를 봤다. 동고비는 사람을 무서워하지 않는 새였다.
'우와! 사람을 무서워하지 않다니!'
아빠는 잣 같은 걸 손에 가만가만 두면 동고비가 온다고 했다.
"에이 아깝다."
동고비들이 있는 곳 조금 떨어진 곳에는 운동하는 곳이 있었다. 나는 바람에 떨어지는 낙엽 소리가 좋았다. 점심 먹고 눈을 감고 엄마 다리에 누웠다. 졸음이 솔솔 왔다. 아빠가 솔잎을 콧구멍에 넣어서 간지러웠다.
'힝, 자고 싶었는데~'
도토리도 보고 단풍잎도 많이 주워 왔다. 칡덩굴도 가져와서 엄마랑 리스를 만들어 봤는데 너무 이쁘고 내 스스로 만들어서 뿌듯했다. 단풍잎은 책 속에 넣어 두어 말릴 것이다.
'헉, 그런데 정상엔 오르지 못했네! 다음엔 꼭 올라가고 말 테다!'

일기에 나오는 식물과 동물 이름을 찾아보고 모르는 것도 함께 알아보았다. '팥배나무'와 빨간 열매도 찾아보고 도토리와 단풍잎 그리고 칡넝쿨과 칡꽃도 찾아보았다. 산에서 흔히 볼 수 있는 것들인데 정확한 이름을 다시 알게 되었다. '동고비'라는 새도 사진으로 보았다. 참새처럼 생겼는데 텃새라고 했다. 일기에 '도토리'라는 낱말이 있어 도토리에 대한 아이들의 경험을 이야기했다. 시인이라면 도토리를 어떤 의미로 들려줄까. 제목과 도토리라는 말에 괄호를 치고 시를 소개했다.

(　　　　　)　　권태응

오종종 매달린 (　　)
바람에 우루루 떨어진다.

머리가 깨지면 어쩌려고
모자를 벗고서 내려오나.

날마다 우루루 (　　)
눈을 꼭 감고서 떨어진다.

아기네 동무와 놀고 싶어서
무섭도 안 타고 내려온다.

— 감자꽃, 권태응 글, 송진헌 그림, 창비, 1995

"괄호 안에 어떤 말이 들어갈까요? 다섯 고개로 알아맞혀 보세요."
"동물입니까?"
"아닙니다. 식물입니다."
"먹을 수 있습니까?"
"네, 동물들은 그냥 먹지만 우리는 음식을 만들어 먹습니다."
"빨간색입니까?"
"아니요. 연두와 초록색이었다가 갈색으로 변합니다."
"몇 글자입니까?"
"세 글자입니다."
"맛있나요?"
"음, 네. 맛있어요."

다섯 고개를 마치자 아이들이 추측한 내용을 말했다.

"방울토마토입니다."
"그건 다섯 글자잖아. 아닌데."
"포도입니다."
"포도는 갈색인가요?"
"우리 학교에 있어요?"
"우리 학교에는 없고 힌트는 오늘 일기 속에 나온 식물입니다."

예서 일기를 다시 펼쳐서 식물 이름을 찾아 적었다. '팥배', '도토리', '단풍잎', '칡넝쿨' 모두 네 가지다. 이 중에서 달려 있다가 떨어지는 것은 세 가진데 팥배는 두 글자이고 도토리와 단풍잎 중에 먹을 수 있는 것은 바로 '도토리'. 그래서 제목과 내용을 완성했다. 노래처럼 부를 수 있는 6.5조 동요로 읽을 때 시의 특성을 살려 손뼉을 치며 4박자에 맞추어 읽었다.

"권태응 시인은 도토리가 어떻게 떨어진다고 했나요?"
"우루루 떨어진다고 해요."
"모자를 벗고서 내려오는데 눈을 꼭 감고서 떨어진대요."
"도토리가 맨땅에 헤딩하는 거죠?"
"왜 무섭다고 했을까요?"
"높은 나무에서 떨어지니까요."
"그런데 아기네 농부와 어떻게 노는 거죠?"
"도토리 가지고 공기놀이도 하고 도토리 밥도 만들어요. 도토리 구슬치기도 할 수 있어요."

이야기를 나눈 다음 열심히 쓰고 그림도 그렸다. 원이는 짝꿍이 읽어 주니까 그림으로 그렸다. 하고 싶은 일을 하니 즐겁게 잘한다. 웅이가 말했다.

"선생님, 권태응 선생님은 진짜 시를 잘 쓰는 것 같아요."

"왜요?"

"어~ 달팽이라는 시도 있잖아요."

"달달 달팽이 뿔 넷 달린 달팽이, 건드리면 옴추락~"

손을 돌리며 장단을 맞춰 달팽이 시를 외운다. 백창우가 곡을 붙인 달팽이를 불렀다. 교실이 환해졌다.

"자, 이번 한 주 우리가 함께 배우는 것은 무엇일까요?"

"따뜻한 겨울입니다."

"네. 따뜻한 겨울을 만들기 위해 비밀 친구도 만들었지요. 그럼 그 친구에게 어떤 말을 해 줘야 할지 알아보겠습니다."

그림책《세상에서 가장 힘이 센 말》을 읽고 '듣고 싶은 말, 기분을 좋게 하는 말'을 찾아보고 이야기를 나누었다.

> '사랑해'는 부모님과 할머니, 선생님께 많이 들었다.
> '고마워'는 동생한테 먹을 걸 나눠 줄 때, 누나와 젤리를 나눠 먹을 때
> '괜찮아'는 의자에 발이 찧었을 때 친구가 말해 줬다.
> '파이팅!' 엄마가 받아쓰기 잘해 파이팅! 달리기 응원할 때 파이팅!
> '힘내'는 형아가 자전거 가르쳐 줄 때

'기운 내', '미안해'는 엄마가 실수로 발을 밟았을 때

아이들이 가장 좋아하는 말은 칭찬하는 말이었다.

> 넌 멋져, 최고야, 넌 참 잘해, 천재야, 특별해, 괴짜 발명가야, 예뻐

이런 말을 들을 때도 기분이 좋아진다고 했다. 이 말들을 공책에 썼다. 듣기 싫은 말도 이야기를 나누었다.

> 바보, 돼지, 똥꼬, 팬티, 똥개, 망할, 멍청이, 빈대떡

이런 말들은 화를 나게 하니까 쓰면 안 된다는 말을 했다. 하지만 아이들이 놀릴 때나 싸움이 일어나면 이것보다 더한 말도 한다. 그래서 비밀 친구에게 이런 말을 하는 친구가 있으면 하지 말라는 '말 지킴이'도 뽑았다.

3~4교시에는 '사랑의 온도계'를 만들고 비밀 친구와 재미있게 놀기를 했다. 사랑의 온도계는 여섯 개의 하트에 자기가 한 일을 적어 완성하는 것이다. 친구뿐 아니라 이웃과 가족에게 한 일도 썼다. 알록달록 색칠한 사랑의 온도계의 온도가 쑥쑥 올라갔다.

운동장에 나간 아이들은 맘껏 뛰어놀았다. 같이 놀고 싶지 않은 비밀 친구가 되었던 아이들도 놀면서 더 친해졌다. 내일은 또 어떤 비밀 친구 놀이가 일어날지 기대하며 하루를 마쳤다.

**비밀 친구**　　　　박웅*

비밀 친구는 비밀이야.
왠 줄 알아? 비밀이니까.
그리고 비밀은 아무한테도
말해 주면 안 돼.
비밀이 날아가면 어떡해?

# 아기다리고기다리던 가게 놀이

아이들은 내일 있을 '가게 놀이'를 기다리고 또 기다린다. 가게 놀이에 대한 의미를 그림책 《색깔 손님》을 읽으며 생각하는 시간을 가졌다. 먼저 작가를 알아보고 그림책 표지에 대한 소감을 나누었다.

"손님이 누구예요?"
"손님의 반대말은 무엇일까요?"
"임금이요."
"엥?"
"음~ 주인이에요."
"그럼 이 그림책 제목을 보면 어떤 생각이 들어요?"
"색깔이 손님이 되는 거죠."
"색깔이 손님처럼 오는 거예요."

아이들의 상상력에 기대 그림책을 한 장 한 장 읽어 나갔다. 외톨이 엘리제 할머니 집은 온통 회색빛이다. 파랑색 종이비행기가 휙 날아오기 전까지. 다음 날 종이비행기를 찾으러 온 사내아이 에밀은 '방문 사절'이라고 적힌 문을 열고 꿋꿋이 들어와서는 다짜고짜 내 비행기 어디로 갔냐고 묻고는 "쉬 마려워요"라고 해서 할머니를 망설이게 한다. 볼일을 보러 층계를 올라가는 에밀을 따라 할머니 집 계단은 붉은색과 노란색으로 변한다.

"아~ 알겠어요. 에밀이 빨강색 바지를 입고 노란색 옷을 입었으니까 그렇게 변하는가 봐요."

아이의 눈길과 손길이 닿는 곳은 서서히 제 빛깔을 찾게 되고 에밀에게 동화책을 읽어 주는 할머니 표정은 점점 부드럽고 예뻐진다. 에밀이 집으로 돌아간 뒤 혼자가 된 할머니는 파란 종이비행기를 접어 놓고 꿈꾸듯이 앉아 있다.

"이젠 무섭지 않아요."
"할머니는 혼자가 아니에요. 새로운 친구가 생겼어요."
"색깔을 찾은 할머니 집도 예뻐졌어요. 환해지고 따뜻해요."
"모르는 색들도 찾아왔어요. 계단 아래 인형들도 웃고 있어요."

한참을 그림책으로 놀던 아이들에게 물었다.

"선생님이 왜 이 그림책을 읽어 주었을까요?"
"재미있으니까요."

"색깔을 찾아보려구요."
"아~ 손님이니까. 그렇죠?"
"맞아요. 손님하고 관계가 있어요."

지민이가 손님하고 관계가 있다면서 자기 생각을 말했다.

"내일 가게 놀이 하는데 물건을 파는 사람은 주인이니까 손님이 와야 마음이 밝아지니까 그니까 색깔 손님을 읽은 거죠."
"네~ 그렇게 생각해도 되겠어요."
"손님이 온다면 어떤 기분일까요?"
"기분이 좋아져요. 다른 사람이 오면 좋아요."

우리는 손님을 맞을 준비를 위해 초대장도 만들고 영수증을 넣을 작은 지갑과 내가 쓸 큰 지갑 만들기를 했다.

"무엇을 담을까? 무엇을 담을까? 과자도 담고 귤도 담지."
"무엇을 담을까? 무엇을 담을까? 라이츄 꼬치랑 떡볶이 담지."

종이접기 하던 아이들이 노래를 지어 불렀다. 아이들은 노래 지어내기 선수다. 큰 지갑에는 자기 이름을 쓰고 자기 멋대로 신나게 꾸몄다. 내일이 빨리 왔으면 좋겠다고 했다.

아기다리고기다리던 가게 놀이 시간이다. 어제저녁 어머니 몇몇이 맛있는 떡볶이랑 꼬마 김밥을 준비해 주신다고 연락이 왔다. 작은 컵케이크도 만들어 주신다고 했다. 민이 아빠랑 원이 엄마가 대표로 이것저것 챙겨 오셨다. 감사하다. 예서랑 연이는 감긴데도 병원에 들렀다가 꼭 오겠다는 문자가 왔다. 두 아이를 기다리다 먼저 시작했다.

손님 맞을 준비를 하는 아이들. 가게 간판을 책상에 붙이고 가격표를 붙인 물건들을 쭉 진열했다. 그럴싸하다. 아무것도 준비하지 못한 두 아이에게는 내가 준비한 학용품과 초코 과자를 나누어 주었다. 영수증을 오리고 가게 이름을 써 두었다. 우선 절반씩 나누어 가게 구경을 다녔다. 골목처럼 기웃기웃거리며 물건 구경을 했다. 드디어 가게 문을 열고 손님을 받았다.

"오세요. 새콤달콤 분식입니다. 떡볶이가 400원."
"꼬마 김밥은 300원이요."
"여기도 오세요. 엄마가 만든 컵케이크 100원이요."

민이는 자기가 구워 온 라이츄 꼬치가 잘 안 팔린다며 울상이다. 맛있는 달콤한 소스도 발라 준다는데 말이다. 그래서 내가 먼저 하나 사 먹어 보았다.

"라이츄 있어요. 라이츄. 달콤한 소스는 공짜 공짜."

곁에서 떡볶이를 팔던 시후가 지민이 가게를 선전해 준 덕에 울상이던 지민이 얼굴이 활짝 폈다. 복지사 선생님들과 청소하는 아주머니께 맛있는 김밥과 떡볶이를 선물해 드렸다. 보건실과 도서관에도 간식을 보냈다. 별난 1학년 1반 때문에 늘 고생하시는 분들.

"선생님, 저랑 후랑 벌써 6,200원 벌었어요. 봐요."
"2,400원 벌었어요."
"나는 3,000원. 보세요."

아이들은 자기가 번 돈을 지갑에 꼭꼭 넣고 영수증도 써 주었다. 3교시 시작할 때가 되니 물건도 다 팔리고 먹을 것도 다 먹고 해서 정리를 했다. 분리수거를 꼼꼼하게 하고 나서 느낀 소감을 말하고 글쓰기를 했다.

가게 놀이 　　　권원*

가게 놀이 떨려
가슴이 두근두근
많이 팔릴까 콩닥콩닥
많이 안 팔려
다른 친구는 많이 팔리는데 나는 왜 안 팔릴까

'아하! 너무 비싸구나.'
100원 내렸더니
많이 사는구나.

### 새콤달콤 분식 전시*

김밥을 팔았다.
"김밥 사세요."
"맛있겠다."
"300원이요."
10개를 팔았다.
떡볶이랑 라이츄를 사 먹었다.
2,000원이 남았다.
돈이 남아서 기분이 좋았다.

### 가게 놀이 진예*

내 연필을 한서율이 하나 사 조다. 또 연필 4개는 선생님이 사 주셨다. 서율이는 100원, 선생님은 400원을 주셨다. 이젠 친구 가게를 갔다. 귤도 사고 몽쉘도 사고 레고도 사고 스티커도 샀다. 좋았다. 제일 좋은 것은 떡볶이다.

아이들이 돌아간 오후, 교실은 치워야 할 것이 많았다. 6학년 서희와 우빈이에게 SOS 문자를 보냈더니 기꺼이 달려와 도와주었다. 잊지 않고 찾아와 주는 녀석들. 언제나 든든하다. 조퇴를 하고 병원에 다시 갔다. 열 때문에 주사와 약을 처방받고 일찌감치 자리에 누웠다. 가족들이 걱정이 많다. 감기 바이러스와 싸워 빨리 이기고 싶다.

7시가 넘자 아이 몇몇이 이웃 돕기 인증 샷을 보내왔다. 나도 인증 샷을 찍어 아이들에게 보여 주면 좋겠다. 따뜻한 겨울나기 두 번째 이야기는 여기까지.

2016년 12월

# 동식물의 겨울나기를 돕는 방법

오늘 아침 활동은 마지막 받아쓰기 16급을 익히는 것이다. 원이는 교실에 오자마자 귀빈석으로 와서 받아쓰기 급수판을 보고 한 글자씩 써 내려갔다. 아이들이 받아쓴 문장을 보면 어려워하는 단어가 눈에 띈다. '희고'를 '이고'로 쓰거나, '뽑힌다'를 '뽑인다'로 쓸 때도 있다. 겹받침 쓰기도 생각보다 어려워해서 다시 여러 번 읽으며 정확하게 소리를 구별하는 공부를 했다. 받아쓰기를 마치고 나자 준이가 물었다.

"그런데요, 선생님 베짱이가 일을 안 했을까? 그림책 읽어 준다고 했는데 왜 안 읽어 줘요?"
"아~ 그렇구나. 미안해. 그럼 지금 읽어 줄까?"
"네."

책꽂이에서 그림책 《프레드릭》을 꺼냈다.

"어~ 베짱이가 아니네."
"그럼 누구야?"

표지를 보자마자 아이들은 눈을 동그랗게 뜨고 놀란다.

"응, 애가 누굴까?"
"프레드릭이요. 생쥐처럼 생겼어요."
"그런데 왜 꽃을 들고 있어요? 돌 위에 앉아 있으면 추울 텐데."

표지를 넘기자

"우와~ 사인이다. 프레드릭이라고 써 있어요."
"너무 많이 써서 징그럽다."
"그런데 왜 사인을 해요? 연습한 거예요?"
"그러게? 왜 연습했어요?"

궁금한 게 많은 아이들을 진정시키고 한 장 한 장 읽어 나갔다.

> 겨울이 다가오자 작은 들쥐들은 밤낮없이 바쁘게 옥수수와 나무 열매와 밀과 짚을 모으기 시작한다.
>
> "프레드릭, 넌 왜 일을 안 하니?"
> 들쥐들이 물었습니다.
> "나도 일을 하고 있어. 난 춥고 어두운 겨울날들을 위해 햇살을 모으는 중이야."

프레드릭이 대답했습니다.
들쥐들은 또다시 물었습니다.
"프레드릭 지금은 뭐 해?"
"색깔을 모으고 있어. 겨울엔 온통 잿빛이잖아."
프레드릭이 짤막하게 대답했습니다.

겨울이 되었고, 눈이 내리자 들쥐들은 돌담 틈새로 들어가 저장해 둔 먹이를 먹으며 행복하게 지냈습니다. 하지만 시간이 지나고 낟알과 나무 열매는 점점 줄어들었습니다. 게다가 짚도 다 떨어지고, 옥수수는 아스라한 추억이 되어 버렸습니다. 춥고 배고픈 들쥐들은 이제 누구 하나 재잘대고 싶어 하지 않았습니다. 그때 들쥐들이 물었습니다.

"네 양식들은 어떻게 되었니, 프레드릭?"
프레드릭이 커다란 돌 위로 기어 올라가더니,
"눈을 감아 봐. 내가 너희들에게 햇살을 보여 줄게. 찬란한 금빛 햇살이 느껴지지 않니……."

프레드릭이 햇살 이야기를 하자, 들쥐들은 점점 몸이 따뜻해지는 것을 느낄 수 있었습니다. 프레드릭은 파란 덩굴꽃과 노란 밀짚 속의 붉은 양귀비꽃과, 또 초록빛 딸기

덤불 얘기를 들려줍니다.

프레드릭이 공연이라도 하듯 '사계절' 이야기를 들려주자, 들쥐들은 박수를 치며 감탄합니다. 그러고는 말하지요,

"프레드릭, 넌 시인이야."
그러자 프레드릭은 얼굴을 붉히며 인사를 한 다음, 수줍게 말했습니다.
"나도 알아."

— 프레드릭, 레오 리오니, 최순희 옮김, 시공주니어, 2013

"하하하~ 나도 알아!"
"프레드릭은 천재예요. 미리 알았던 거죠? 어떻게 그런 생각을 했지?"
"희야 뭘 알았던 거야? 어떤 생각인지 말해 줄 수 있니?"
"응, 그니까 겨울이 오면 심심할 줄 알았던 거예요. 그래서 심심할 때 놀 수 있는 재미난 걸 햇살을 모으고 색깔도 이야기도 미리 준비한 거죠."
"우와~ 희도 천재다."
"그런데 프레드릭 얼굴이 빨개지니까 웃겨요."

"선생님이 왜 이 그림책을 읽어 주었을까요? 베짱이랑 무슨

관계가 있을까요?"

"베짱이는 개미가 일할 때 노래를 부르고, 프레드릭도 친구들이 일할 때 햇살을 모으니까 비슷해요."

"베짱이는 배가 고팠고, 프레드릭은 안 그래요."

"왜 안 그래요?"

"친구들이 프레드릭을 위해 주니까요."

"맞아요. 그리고 넌 시인이야 이렇게 칭찬해 줘요."

"베짱이보다 프레드릭이 더 행복한 거 같아요."

더 하고 싶은 말이 있었지만 장황한 설명이 될까 해서 요기까지만 했다. 프레드릭에게 하고 싶은 말이나 재미난 장면을 붙임종이에 써서 칠판에 붙이고 친구들이 쓴 걸 돌려 보았다.

> 넌 일을 안 했잖아. 근데 겨울이 되었는데 어떡해. 마술같이 따뜻해지게 했어. 너무 신기했어. (성)
> 
> 프레드릭아, 너는 왜 햇살이나 색깔 같은 것을 모으는데? 너는 먹이도 안 찾고 왜 그러는 건데, 너는 천재고 시인이니까 그러니까 너는 이제부터 인기 많은 쥐가 될 거야. (아)
> 
> 프레드릭아? 너는 왜 눈을 깜고 다니니? 눈을 깜으면 더 좋은 게 떠오르는 거야? (윤)
> 
> 프레드릭아, 넌 어떡해 그렇게 훌륭한 걸 생각했니? 넌

시인이야! (희가)

프레드릭, 너가 그런 애인 줄 상상도 못 했어. 미안해(일 안 한다고 한 거). 넌 정말 멋있어. (준)

너는 곡식을 안 모으고 다른 일을 했지? 그런데 마술같이 너무너무 신기했어. 프레드릭 너는 천재 같고 시인 같애. (현)

아이들은 근면, 성실, 노력, 일등, 최고, 성공만을 이야기하는 사회에서 자유로운 영혼 프레드릭이 선택한 삶에 크게 공감했다.

《겨울》에서는 '내가 도와줄게'를 주제로 동물과 식물의 겨울나기를 돕는 방법을 알아보고 그림이나 글을 써서 알리는 캠페인 활동을 하는 공부를 했다. 이런 공부가 3~4학년에서는 '자연과의 평화'라는 주제와 '부탁하는 글쓰기'로 연결되고 5~6학년에서는 '우리 학교를 어떻게 평화롭게 만들까'를 주제로 다양한 캠페인으로 확장되면 좋겠다. 그리고 중·고등학교에서는 우리 마을이나 지역 문제를 가지고 여럿이 모여 활동하는 사회 참여와 연대 활동으로 연결이 된다면 어떨까?

아이들에게 공부나 노오력만 강요하는 것이 아니라 자신의 삶이 이웃과 자연과 연결되어 있음을 알고 자신의 삶을 좀 더 행복하게 만들기 위해 더불어 행복한 시민으로 자랄 수 있도록 참여하고 연대하는 장을 학교에서부터 고민하고 열어 가야겠다.

1학년 때부터 동식물의 겨울나기를 돕는 방법을 몸으로 겪고 살아 낸다면 우리 아이들은 더불어 살아가는 민주시민으로, 또 세계시민으로 쑥쑥 자랄 것이다.

따뜻한 겨울나기 이야기 끝~.

DATE. 2016년 12월

# 많이 가르치지 않은 하루

흐리고 빗방울이 떨어지는 날 아침이다. 주말에 일기 하나씩 써 오기로 했는데 17명이 써 왔다. 쉬는 시간에 쓸 수 있다고 한 친구가 3명이나 돼서 20명이 썼다. 아직 7명은 일기 쓰기를 힘들어한다. 쓰기 활동에서 개인차가 눈에 띄게 커진다.

> 어제 엄마, 아빠랑 서울시립미술관에 가기로 했다. 그런데 배가 고파서 종각역에서 내려 세상에서 가장 맛있는 짜장면을 먹으러 가기로 했다. 짜장면 집 이름은 안래홍이었다. 그리고 주인은 중국 사람이었다.
> 아빠랑 내가 먹은 짜장면은 유니 짜장면이었다. 지금까지 먹어 본 짜장면 중에서 가장 맛있었다. 우리는 다 먹고 나서 시민청으로 가서 핫팩도 만들고 판소리 흥부전도 봤다. 거기에서 팝핀 현준이라는 아저씨도 봤다. 그 아저씨는 몸이 자유자재인 것 같다.
> '어쩌면 저렇게 몸이 따로 놀지?'
> 그리고 어떤 할아버지가 세월호 리본을 주고 가셨다. 시청에 사람들이 엄청 많이 모였다.
> '아, 저 사람들이 아빠가 말해 준 촛불집회 하는 사람들

인가 보다.'
반대로 태극기를 든 할머니, 할아버지가 엄청 많았고 박근혜 편을 들었다.
"잘한 것이 뭐가 있다고 좋아하지?"
나는 박근혜 대통령이 없어지고 빨리 다른 대통령이 되었으면 좋겠다.
사람이 많아서 시립미술관은 못 갔고 그 대신 종로서점에 갔다. 피곤했지만 많이 보고, 체험도 해서 즐거웠다.
모두 메리 크리스마스!!!

우리는 이 일기를 읽고 나서 어떤 대통령이 좋은 대통령일까 생각해 보았다. 다른 사람 말을 잘 들어주는 대통령, 아이들을 좋아하고 아이들이 잘 살 수 있게 노력하는 대통령, 거짓말하지 않는 대통령, 친절한 대통령, 재미있는 이야기를 많이 아는 대통령, 쓰레기를 함부로 버리지 않고 자기가 먹은 것은 자기가 정리할 줄 아는 대통령, 달리기를 잘하는 대통령, 눈싸움을 잘하는 대통령, 2단 줄넘기를 잘하는 대통령.
아이들이 꼽은 좋은 대통령이다. 아이들도 좋은 대통령을 뽑아야 한다고 했다. 우리나라가 좋은 나라가 돼야 하니까. 이야기가 길어져서 한 시간이 후딱 가 버렸다.
다음은 그림책 《황소 아저씨》 글을 읽고 대본을 읽었다.

"선생님, 생쥐들이 불쌍해요."
"왜냐하면 엄마가 돌아가셔서 언니 생쥐가 동생까지 돌봐야 하잖아요."

다양한 역할을 통해 인물의 처지를 공감하는 아이들.

"선생님, 그거 알아요? 3반 공이네 아빠가 돌아가셔서 정말 걱정이에요."
"우리 어린이집에서 같이 다녔어요."
"공이가 동생을 돌봐야 하나요? 그런데 이사도 간대요."
"여기서 살 수가 없대요."
"황소 아저씨처럼 공이를 도와줄 수 있으면 좋겠어요."

우리가 도와줄 수 있는 게 뭐가 있나 생각해 보았다.

"태권도에서 잘해 줄 거예요."
"나는 사탕도 줄 거야. 공이 동생도 업어 줘요."

아이들이 황소 아저씨다.
3반 선생님께 이야기를 전해 드렸다.

"아이고, 1반 남자아이들 많이 컸네요. 장난꾸러긴 줄 알았더니, 고맙다고 전해 주세요."

3반 선생님 말씀을 전해 주었더니 어깨를 으쓱으쓱하며 좋아한다. 3교시에는 지난주에 못 간 도서관 나들이를 갔다. 옛이야기 그림책을 찾아 읽자고 했다. 웬일인지 조용하게 앉아서 책을 본다.

"1반 많이 컸어요. 이제 2학년 올라가도 될 것 같아요."

사서 선생님 칭찬 한마디에 더 조용해졌다. 5분 지나자 다시 종알종알거렸지만.
우리는 읽고 싶은 책 30권을 빌려서 교실로 가져왔다. 조금 더 읽자고 해서 4교시까지 책 읽고 수수께끼 한자락 읽고 이야기하고 놀았다. 많이 가르치지 않고 빠르게 문제를 풀지도 않은 하루. 느릿느릿 서로의 말에 귀를 기울였다.

DATE.
2016년 12월

# 부모 과제

오후에 K의 아빠를 만났다. 2학년 올라가기 전에 꼭 만나고 싶다고 연락을 드렸더니 교실로 오셨다. 젊고 듬직한 아버지다. 오랫동안 이야기를 나누면서 걱정과 염려가 안도와 이해로 바뀌었다.

"아빠가 되는 걸 배우지 못했습니다. 아이가 어렸을 때 너무 바빴고 여유가 생겼을 때 말과 글이 늦은 아이를 가르쳐 보겠다고 많이 윽박지르고 혼만 냈습니다. 너무 느리고 사회성도 부족하고 고집도 세고……. 저하고 눈도 잘 안 마주치고요. 좋다는 감정도 표현도 안 하고 해서 또 동생이 생기면서 제가 맏이니까 책임을 강조했습니다. 그래선지 보통 아빠와 아이들보다 친하지 않습니다."
"지금은 어떤가요? 9월에 가족끼리 갯벌 여행 다녀온 뒤로 학교에서도 많이 좋아졌습디다만."
"예. 저도 아이가 상담을 받게 되면서 이래서는 안 되겠다 싶어서 아이랑 많이 놀아 주고 시간을 조절했습니다. 그런데 그 다음엔 어떻게 해야 할지 모르겠어요. 갯벌 가서 놀았는데 좋았느냐고 물어도 대답이 없어요. 아이가 말을 못하는 게 아닐까요?"

그리고 자신은 어릴 때 이렇게 자랐는데 아이는 너무 달라서 이해하기 힘들다고 했다.

"아이에게 '좋았어?' 묻기 전에 아버지의 기분을 이야기해 주었나요? 아빠는 갯벌에서 모래를 밟았을 때 막 간질간질했던 게 생각나. 너는 뭐가 좋았어? 그때 발이 어땠어? 이렇게요."
"아~ 그렇게 말해야 하나요? 한 번도 그렇게 말을 해 본 적이 없습니다."
"예. 그렇게 말하기 쉽지 않지요. 저도 아들 키울 때 힘든 적이 많았습니다. 그런데 많이 내려놓고 아이 눈에 맞춰서 이야기를 했습니다. 야단을 치는 것이 아니라 아들이 걱정되는 기분을 말해 주기 시작했어요."

한참 말이 없었다.

"선생님, 아이가 친구랑은 잘 노나요? 아니 친구가 한 명이라도 있나요? 아무리 물어도 도통 친구 이름 하나 아는 게 없더라구요. 보통은 괴롭히는 친구나 힘들게 하는 친구 이름 하나는 아는 게 정상이죠?"

그래서 평소 아이가 교실에서 노는 장면을 사진으로 보여 주면서 아이를 좋아하고 잘 도와주는 친구들 이야기를 해 주었다. 정말 다행이라고 몇 번이나 웃는다. 그리고 말했다.

"선생님, 그동안 얼마나 힘드셨어요? 제가 아이 엄마한테도 그렇게 말했습니다. 우리는 잘못 기른 죄로 그렇다고 하지만 담임 선생님은 무슨 고생이냐고요. 선생님, 너무 고생 많으셨어요. 너무 늦게 와서 죄송합니다."

아버지의 이 말 한마디에 나는 아무 말을 하지 못했다. 가슴이 뻐근하고 눈물이 날 뻔했다. 일 년 내내 아니, 어제까지 화내고 소리치고 걱정하고 염려했던 것이 휘리릭 지나갔다.

"고맙습니다. 하지만 늦지는 않았다고 생각해요. 지금 이렇게 만났으니까요."
"선생님, 말씀 들으니 제가 먼저 변해야 아이도 변한다는 걸 배웠습니다. 어려우시겠지만 남은 시간도 잘 부탁드립니다. 칭찬도 많이 해 주시면 고맙겠습니다."
"예. 오늘 집에 가셔서 칭찬 두 가지 해 주세요. 장난감 카드를 가져왔는데 가방에서 꺼내지 않았어요. 규칙을 지킨 거예요. 그래서 선생님이 칭찬하셨다고 말해 주세요. 그리고 1학년이 되어 잘하게 된 점 말하기가 과제인데요. 동생을 잘 돌봐 주게 되었고 혼자 집에 있을 수 있다고 했습니다. 아이가 먼저 말을 하지 않으면 아버지가 칭찬 말을 해 주세요."

"아~ 장난감 카드를 가지고 오나요? 그게 뭐죠?"

교실에 있던 포켓몬 카드를 보여 주고 아이들이 좋아하는 할리갈리 카드도 보여 주었다.

"아~ 이런 카드도 있네요. 집에서 해 봐도 좋을 것 같습니다."
"예. 그렇지요."
"선생님, 이번 겨울방학 때 좋은 추억도 쌓고 하려는데 뭐가 좋을까요?"
"매일 꾸준히 할 수 있는 것이 가장 좋습니다. 같이 목욕하기, 맛있는 거 먹고 이야기 나누기, 팔씨름하기, 그림책 읽어 주기, 수수께끼나 옛이야기 해 주기도 좋습니다. 어디 멀리 가지 않아도 돈이 들지 않아도 내 마음을 보여 줄 수 있는 걸로 해 주세요."
"네. 그렇게 하겠습니다. 그림책도 아빠가 읽어 줄 수 있군요. 제가 몸으로도 많이 놀아 주겠습니다."
"예. 꼭 그렇게 하셔요. 내가 행복해지고 아이가 행복을 느끼면 다 된 거죠."

아빠는 처음 만났을 때와 달리 아주 밝은 표정으로 교실을 나갔다. 복도에서도 몇 번이나 인사를 했다. 그의 뒷모습이 흔들리며 피는 꽃처럼 보였다. 지금 나는 그가 참 좋은 아빠가 되어 이 세상을 아름답게 이겨 나갈 것이라고 응원하고 또 응원한다.

DATE.
2016년 12월

# 다음에 오는 친구

'어쩌면 이렇게 시간이 빨리 갈 수 있을까?'
아침 인사를 하면서 12월 31일은 올해 학교 오는 마지막 날이라고 했다. 지금까지 공부한 자료들을 모두 봉투에 넣었다. 학습지와 작품들, 스케치북, 말놀이 공책과 시 맛보기장, '내 마음대로 그려요'까지.

"우와! 우리가 이렇게 공부를 많이 했어요?"
"진짜 많이 했다. 작은 책도 많이 만들었어요. 《겨울》노래책도 있어요."

공부한 것을 정리한 후에 작은 선물을 나누어 주었다. 책상 속도 정리하고 분리수거도 했다. 깨끗해진 교실에서 그림책을 읽었다. 그림책 《토끼의 의자》이다.

> 토끼가 의자를 만들었고 꼬리를 달아 자기가 만든 것을 표시했다. 그리고 숲속 나무 그늘에 의자를 두고 〈아무나〉라는 팻말을 붙여 놓았다. 지나가던 당나귀가 바구니에 도토리를 가득 담아 의자에 올려놓고 낮잠이 들었

다. 당나귀가 잠든 사이 곰이 와서 〈아무나〉라는 표지판을 두고 아무나 먹어도 되는구나 싶어 도토리를 몽땅 먹어치웠다. "그런데 빈 바구니만 놔두자니 다음 사람에게 미안한걸" 하고는 도토리 대신 꿀이 든 병을 넣어 두었다. 그런 줄도 모르고 당나귀는 낮잠만 쿨쿨.

그 뒤에 빵을 든 여우가 와서 꿀을 먹고 "다음 사람에게 미안"해서 빵을 두었더니 그 다음엔 다람쥐 열 마리가 한 아름씩 알밤을 안고 왔다. 바구니에 담긴 〈아무나〉 먹어도 되는 빵을 맛있게 나누어 먹고 "다음 사람에게 미안"해서 알밤을 가득 넣어 두었다.

"아~ 함!"

당나귀가 잠에서 깨어나 찾은 것은 알밤.

"어어어? 도토리가 알밤이 되었네. 아하! 도토리가 알밤의 아기였구나."

— 토끼의 의자, 고우야마 요시코 글, 가키모토 고우조 그림,
  김숙 옮김, 북뱅크, 2010


요기까지 읽어 줬더니 아이들이

"설마 도토리가 알밤이 된다구요?"
"그러게요? 어떻게 된 일이죠?"

"그러니까 당나귀가 잠든 사이에 어떤 일이 벌어졌는데 당나귀는 잠을 잤어요."
"음~ 그렇구나."
"이 그림책은 무엇을 이야기하고 있나요?"
"뒤에 오는 사람을 생각해요."
"자기가 다 먹은 걸 미안해해요."
"아무나 먹지만 다음 사람을 생각해요."

아이들은 자신의 생각을 거침없이 이야기했다.

"그럼 왜 하필 오늘 이 그림책을 읽어 주었을까요?"
"친구를 생각해요. 다음에 오는 친구."
"배려하는 걸 배우려구요."
"어떤 배려지요?"
"아무나 먹어도 되지만 그건 자기 것이 아닌 거죠. 그걸 생각해 보라는 거예요."

'아~ 똘똘하고 반짝반짝 빛나는 1학년 1반.'

"그럼 누구나 써도 되지만 다음 사람을 생각해야 하는 건 뭐가 있나요?"
"우리 교실이요. 우리가 1년 동안 쓰지만 다음 동생들이 와서 써야 하니까 빌려 쓰는 거죠."
"그렇구나. 그럼 우리가 아무나 빌려 쓰는 건 뭐가 있을까요?"

여기서부터 말문이 터진 아이들.
장난감, 책, 도서관, 연필, 지우개, 풀, 가위, 전화기, 칠판까지 교실 안에 있는 많은 물건들을 생각해 냈다. 놀이터, 컴퓨터실, 운동장과 온 학교를 다 빌려 쓰고 있다고 했다.

"선생님, 중력도 빌려 쓰고 있어요. 왜냐하면 지구를 빌려 쓰고 있으니까요."

최근 지구과학에 관심이 폭발적으로 늘어난 현이가 이야기했다. 지구 이야기가 나오면서 공기, 물, 나무, 산, 논과 밭, 산과 강까지 온 자연을 빌려 쓴다는 이야기를 나누었다.

"누구나 빌려 쓰는 것을 어떻게 다루고 써야 할까요?"
"깨끗하게 써요. 소중하게 써요. 찢지 않아요. 아껴 써요. 쓰레기를 버리지 않아요. 안전하게 써요."
"새로 들어오는 1학년 동생들에게 물려줘야 하니까요."
"선생님, 왜 청소를 했는지 알겠어요."
"질문이요. 그럼 2학년 형아들도 지금 청소하겠죠? 우리가 다음에 가니까 그냥 두면 미안하니까."

"우와~ 그럼 3학년도 4학년도 5학년도 6학년도 모두 모두 미안하니까 청소하는 거죠. 맞죠?"
"그래서 선생님이 이걸 읽어 줬구나."

이렇게 생각을 모아서 2016년 한 해를 마무리했다. 오후에 우리 반 동시집 《비밀 친구》 제본을 마쳤다. 책상 가득 쌓인 시집과 아이들 상장과 방학 계획서 그리고 통지표를 보니 마음이 벅찼다.

내일이여 와라!
2017년이여 성큼성큼 와라!
씩씩하게 잘 살아 주겠다.

# 내일을 위한 준비

1.
촛불집회가 한창이던 지난 10월 '내일을 위한 책' 시리즈 4권(1권《독재란 이런 거예요》2권《사회 계급이 뭐예요?》3권《민주주의를 어떻게 이룰까요?》4권《여자와 남자는 같아요》)을 도판으로 보았다. 한눈에 반할 만큼 매력적인 그림책이었다. 현대적 감각을 느끼게 하는 이 책은 40여 년 전인 1977년과 1978년에 스페인에서 처음 출간되고 2015년에 일러스트를 새롭게 바꾸어 재출간되었다.

> 처음 이 책이 나왔을 당시, 스페인은 독재자 프랑코가 사망한 지 몇 년 지나지 않은 시기였다. 그때 스페인은 민주화를 위한 첫 변화들이 탄생하는 과도기를 겪고 있었고 이 시리즈는 그러한 상황에서 보다 나은 '내일'을 위해 만들어진 것이다. 원래의 시리즈명도 '내일을 위한 책'이다. 놀랍게도, 이 책의 내용은 지금 읽어도 전혀 진부하지 않다. 오히려 지금의 우리 현실을 그대로 묘사하고 있는 듯도 보여 놀라울 정도다. 그것은 아직도 지금 우리가 살고 있는 오늘이 40여 년 전에 기대한 '내일'이

아니기 때문일 것이다.

이 책은 사회적, 정치적으로 중요한 주제들에 대해 어린이들이 열려 있도록 도와주고, 더 나아가 그들이 만들 내일은 어떠한 것이어야 하는지를 생각해 보게 한다. 그리고 그러한 가치를 인정받아, 2016년 볼로냐 라가치 상 논픽션 부문 대상을 수상하였다. (출판사 책소개)

스페인 여행을 다녀와서 그림책 워크북《내일을 위한 책 생각 길잡이》를 만들었다. 민주시민교육네트워크 선생님들과 그림책을 읽고 수업안을 짜고 실행해 본 후 내용을 수정했다. 2월 초에는 '아이들은 어떻게 민주주의를 배우는가'를 주제로 공동 수업을 했다. 4시간 동안 5학년 아이들과 그림책《민주주의를 어떻게 이룰까요?》를 천천히 읽고 생각하고 토의 활동을 했다. 수업 과정을 에세이로 써서《오늘의 교육》(37호)에 실었다. 4권에 대한 공동 수업을 점검하고 아이들이 어려워하는 부분은 길잡이 책에서 쉽게 이끌어 가도록 구성하였다.

공동으로 책을 만든 경험은 모임의 내공을 더 깊고 넓게 했다. 어린이 책에 대한 공부를 시작으로 아동 발달에 관한 '비고츠키 심리학'과 '핀란드 교육과정과 교과서', '민주시민교육'으로 확장되었다. 함께 공부하는 선생님들이 있어 든든하다.

2.

올해부터 2015개정교육과정이 실행된다. 나는 국어 교과서 집필에 참여하면서 교육 현장에서 교육과정 재구성과 수업, 평가가 일관성을 가지고 실행되어야 함을 더 깊이 생각하게 되었다. 이 생각을 전국초등국어교과모임 선생님들과 나누고 싶었다. 그래서 방학 동안 〈2015개정교육과정, 어떻게 볼 것인가?〉(《어린이와 함께여는 국어교육》 52호)를 써서 발표했다. 글에서는 2015개정교육과정의 주요 개정 내용과 특성을 알아보고 문제점을 짚어 보고 2015개정교육과정 국어 교과서를 집필하며 느낀 우려와 기대 그리고 실천에 대한 제언을 함께 나누고자 했다.

문학 단원을 집필하며 국어과 모임 '갑북갑북 시 주머니' 선생님들과 많은 작품을 찾아 읽었다. 최근에 나온 동시집과 단편동화집을 주로 읽었다. 좋은 작품을 찾으면 재미있게 감상할 수 있는 활동을 생각하며 수업을 실행해 보았다. 이 경험을 바탕으로 교과서를 집필했지만 성취 기준에 매인 탓에 온작품 읽기의 맛을 충분히 살리지 못한 아쉬운 점도 썼다.

이 글을 쓰면서 2015개정을 앞둔 '핀란드 교육과정'과 핀란드 초등 수학 교과서를 살펴보았다. 부러움과 시사점이 교차했다. 딱딱한 공문서인 우리나라 교육과정과 달리 친절하고 유려한 에세이처럼 구성된 핀란드 교육과정은 앞으로 우리 교육과정을 어떻게 구성하고 집필해야 하는지를 알려 준다. 3월

새로운 교육과정 적용이 기대와 두려움을 넘어 새로 만나게 될 학급 아이들에 집중하고 성찰할 수 있는 시간을 꿈꾼다.

3.
개학은 했지만 아이들은 등교하지 않는다. 새 학년과 업무를 배정했다. 힘들지만 매력적인 1학년 담임을 한 번 더 하기로 했다. 예전 교실에서 그간 활용해 온 자료들을 모으고 새로 개정된 교육과정과 교과서를 보았다. 안전 교과 신설로 수업 부담이 커졌는데 학교에서는 전담 교사를 배치하지 않는 것으로 결정이 났다. 힘든 일 년이 되겠지만 작년부터 함께했던 선생님들과 잘해 가기로 의기투합했다.

올해 우리 학교는 '진로교육과 독서'를 중심으로 교육과정 재구성을 하고자 한다. 특히 유치원에서 1학년으로, 6학년에서 중학생이 되는 생애 전환기를 맞는 아이들에게는 좀 더 친절하고 자세한 활동을 구성하자는 게 우리 생각이다.

혁신 업무는 '진로독서교육연구회'와 '혁신공감학교' 그리고 '군포혁신지구사업'을 하게 되었다. 무엇보다 예산을 잘 쓰는 것이 중요하다. 우리 아이들에게 꼭 필요한 사업을 계획하고 진행해야 한다. 특히 창의적인 교육과정 운영에 가장 큰 예산이 배당되어 있어 학년 단위에서 알맞은 프로그램과 활동을 선정할 수 있도록 정보를 제공하는 것도 중요하다. 혁신학교의 다양한 사례들을 모아 다인수 학급인 우리 학교에 맞는 활동을 알아보고 있다.

1학년에서는 그림책과 연극놀이, 국악 수업을 중심으로 창의적인 교육과정 운영 계획을 짰다.

드디어 학급을 배정하고 아이들 이름이 적힌 봉투를 받았다. 모두 29명이다. 지난해보다 2명이 더 늘었다. 개학 전 1학년 학교생활 안내와 학부모 되기 연수 참여를 안내해야 한다.

가정통신문과 교사 소개서 그리고 안내 문자를 발송하는데 자기가 보호자인 아이가 있었다. 동사무소에 연락했더니 다문화가정인데 자세한 내용은 사회 복지실과 다문화센터로 알아보라고 한다. 어렵게 어머니와 통화를 했다. 한국 말을 전혀 하지 못하는 어머니 대신 함께 일하는 동료분이 전화를 받아 통역해 주었다. 한국 말은 물론이고 글자를 읽거나 쓰는 것도 어렵다고 했다. 궁금한 것을 하나하나 물었다. 아이에게 보호자가 왜 없는지부터.

아이 엄마는 국제 결혼을 했지만 국적 취득을 할 수 없었고 이혼을 한 후 양육권을 가진 엄마가 아이를 기르게 되었다고 한다. 방과 후 아이는 어떻게 생활하는지 물었더니 학교에서 봐 줄 수 없냐고 했다. 보육교실 담당자에게 물었더니 신청자가 많아 더 이상 받을 수 없다고 한다. 그래서 통역해 주시는 분께 연락해서 공부방과 센터 연락처를 알려 주었다.

오후 내내 이 일에 매달렸다. 무엇보다 아이 엄마가 의욕과 관심을 가지고 한국 말을 익히고 한국에서 아이를 기르는 방법을 찾아야 하는데 무기력하다는 인상을 지울 수 없었다.

센터에 의뢰를 했더니 가정방문 후에 공부방과 연결해 주기로 했다. 다른 지원 받을 것들이 있으면 알려 달라고 부탁했다. 창의적 체험 활동으로 다문화 이해 교육 혹은 세계시민교육이 들어와 있지만 현실과 전혀 다르다. 안정적인 삶을 살아가기 위한 다문화 정책이 필요한 상황이다.

2월 마지막 주는 3월 교재 '새롬아 학교 가자!', '말놀이 동시집', '마음대로 그려요', '시 맛보기' 공책, '성큼성큼 한글 공부'를 만들고 '매일 매일 읽어요'에 쓸 그림책과 동시를 골라 놓았다. 음악 파일과 알림장 양식, 아동 일람표와 알림이 시스템에 학부모 연락처를 등록했다. 아이들 이름표를 만들고 이름을 외웠다. 29명 아이들의 얼굴을 상상해 본다.

교실 환경은 학년 선생님들과 협력해서 나비 이름표와 환영 팻말로 단장했다. 입학 선물을 포장하고 이름 하나하나를 붙였다. 1학년 교육과정 중 '진로독서교육'을 최선생님과 함께 만들고 필요한 책을 학급당 5권씩 구입하고 돌려 읽기로 했다.

각 학년을 대표하는 선생님들과 사서 선생님을 포함한 진로독서연구회를 만들었다. 1학기에 함께 읽을 책을 선정하였다. 1~6학년까지 진로독서 교육과정이 잘 연계될 수 있도록 수업을 짜고 모듈을 구성할 계획이다. 대부분 젊은 선생님들이지만 능력들이 출중하다. 정보도 많고 감각도 남다르다.

"교대 다닐 때 선생님이 쓰신 책 읽었습니다. 토론과 글쓰기에 관심이 많았답니다. 선생님 저자 사인 부탁드려도 될까요?"
"책 읽어 주기와 동화에 관심이 많습니다. 선생님이 아동문학 교육 전공자라고 해서 궁금했습니다."
"부장님, 많이 배우겠습니다. 3학년에게 읽어 줄 만한 책 있으면 소개해 주세요."

선생님들과 함께한 첫 모임에서 가슴이 뭉클해졌다. 젊고 활달한 에너지가 팍팍 느껴졌다. 2주에 한 번씩 책 수다 모임을 하기로 했다. 총무를 뽑고 맛있는 간식도 같이 나누자고 했다. 교실을 정리하고 칠판에 첫 편지를 썼다.

> 여기는 1학년 1반입니다.
> 친구들의 입학을 축하하며 학부모님들 반갑습니다.
> 행복한 1반 함께 만들어 가요.
>
> — 최은경 드림

## 4부

# 겨울에서
### ⋮
# 다시 봄으로

# 반짝이들, 처음 학교 온 날

간밤에 반짝이들이 우주선을 타고 우리 학교로 오는 꿈을 꾸었다. 봄비가 내려 화창한 아침. 기분이 좋다. 10시부터 입학식인데 9시도 되기 전에 학교 구경을 온 가족들도 있었다. 강당은 유치원 선생님들의 도움을 받아 화사하게 꾸며졌고, 교실도 몇 번이나 청소하고 정리했다. 아이들의 이름을 붙이고 반 표시대를 준비했다.

드디어 입학식.
29명의 반짝이들은 한 명도 빠지지 않고 모두 다 왔다. 똘망똘망, 호기심 가득한 눈망울들. 6학년 언니오빠들의 축하를 받으며 입학식을 마치고 교실로 왔다.

"여기가 우리 교실이에요?"
"우리는 1학년 1반이에요?"
"네, 책상 위에 친구들 이름표가 있을 거예요. 자기 이름이 적힌 자리를 찾아 앉아 보세요."
"책상 안이 울퉁불퉁해요. 왜 그래요?"

남자 친구 하나가 질문을 하자,

"그건 책상 안에 책도 넣고 필통도 넣으니까 미끄러지지 말라고 그런 거지."
"우와~ 어떻게 선생님보다 설명을 더 잘하나요? 훌륭해요."

나는 조곤조곤 말하는 연이를 보며 정말로 행복했다.

"내 이름은 최은경입니다. 선생님은 책 읽기랑 신나게 노는 것을 좋아합니다. 줄넘기도 잘합니다."

이렇게 내 소개를 했다. 그리고 학교 약속과 인사말을 같이 배웠다.

"화장실에 가고 싶은 사람 있나요?"

물었더니 여러 아이가 손을 들었다. 여자 친구들부터 다녀왔다. 이제 남자아이들 차례.

"자, 우리 교실에서 화장실까지 얼마나 먼지 가 봅시다. 갈 때는 어떻게 가야 하나요?"
"뛰지 않아요. 줄을 맞춰서 가요. 소리 내지 않아요."

유치원에서 참 잘 배우고 왔다. 모두 화장(?)을 마치고 와서 다시 집중이다. 옛이야기 한자락을 들려주었다.

"옛날 옛날 어떤 마을에 형과 동생이 살았어요. 그런데 두 형제는 사이가 아주……."
"나빴어요. 맞죠?"

'이크, 내 이야기를 다 아는 건가?' 아이들이 추측하는 그 이야기를 살짝 다르게 했다.

"부모님들이 모두 나이가 많으셔서 돌아가셨어요. 형과 동생은 이제 각자 자기가 갈 길을 정하고 길을 떠났어요."

그리고 형이 도깨비를 만나 보물 상자를 찾는 대목까지 했다.

"자~ 여러분이 형이라면 이 보물 상자는 어떻게 할까요? 오늘 집에 가서 곰곰이 생각해 오세요."

이야기를 마치고 안내장과 교사 소개서, 주간학습안내를 나누어 주었다. 조별로 '안내장 전달 놀이'를 했다. 작년에는 안내장 나누는 것도 품이 많이 들어 올해 모든 활동을 놀이처럼 규칙을 정하고 아이들이 즐겁게 참여하도록 할 생각이다.

"안내장 전달 놀이 시작~"
"한 장은 내 것, 나머지는 뒤로, 전달, 전달, 전달."

아이들이 입을 맞추어 노래처럼 흥얼거리며 전달 놀이를 세 번이나 했다.

"내일 아침 9시까지 교실에서 만나요. 아침밥 먹고 똥 누고 오기 꼭꼭 약속해."

강당에서 신입생 학부모 교육을 받은 부모님들이 막 올라오셨다. 우리는 반갑게 인사하고 몇 가지 부탁 말씀을 드렸다.

"혹시 오늘 담임인 저에게 꼭 말씀하실 것이 있으면 잠시 남아서 이야기 나누도록 하겠습니다."

아이들은 "행복하세요" 인사를 하고 가족들과 손을 잡고 집으로 갔다. 몇몇 학부모님들이 남아서 이야기를 했다. 다문화 가정 아이 두 명은 엄마가 아직 한글과 한국 말이 익숙하지 않아 사회복지사 선생님께 도움을 요청했다. 한글 해독을 못 해서 걱정이라는 엄마에게 교육과정이 바뀌어서 한글 공부 시수가 많이 늘어났으니 걱정하지 마시고 집에서 그림책 읽기와 낱자 익히기를 하시면 된다고 했다. 난시 교정 중인 아이는 앞쪽으로 자리로 옮기고 심장 수술을 한 친구는 얼굴이 건강해 보여서 다행이었다.
오후에는 '군포시 혁신교육지구 창의적 교육과정 운영'과 관련한 모임을 가졌고, 신규 교사 취임식을 했다. 세 분의 신규 선생님의 이야기를 들으며 모든 것에 설레는 그 마음이 전해져서 나도 덩달아 내일이 기대가 된다.
교실로 와서 3월에 배울 '새롬아 학교 가자'와 내일 배부될 안내장과 읽어 줄 책 그리고 주소록과 전화번호를 확인했다.

"선생님, 제가 3월 한 달은 웃지 않으려고 했어요. 그런데 벌써 웃어 버렸어요."
"어휴~ 잘했어요. 아이들 얼굴을 보면 웃음이 저절로 나오잖아요. 괜찮아요."

3월 한 달 웃지 않고 아이들을 잘 잡아야 한 해가 편하다는 말을 지금껏 듣고 있지만 우리는 벌써 웃고 말았다. 그래도 괜찮다. 올 한 해도 동학년 선생님들과 함께 갈 테니까.
아~ 내일은 또 어떤 일이 벌어질까? 우리 반 반짝이들도 나처럼 내일 학교 갈 생각에 가슴이 두근거릴까?

DATE.
2017년 3월

# 우리랑은 안 친해요

8시 20분 학교에 도착했는데 아이들이 3명이나 기다리고 있었다. 교실 문도 열려 있고 난방도 켜져 있다.

"선생님, 안녕하세요?"

2학년이 된 성이가 우리 교실에 왔다가 동생들이 복도에 있는 걸 보고 교실 문도 열고 난방도 켜 주었다고 한다.

"고맙다, 성아. 잘 지내니?"
"네, 선생님. 재미있어요."

성이랑 반갑게 인사하고 있는데 혁이랑 호야랑 준이가 멀뚱멀뚱 쳐다본다. 아직은 작년 친구들이 더 정답고 반갑다. 젤리 사탕을 선물로 받은 성이는 "4교시 마치고 또 올게요" 하고는 갔다.

"선생님은 저 형아랑 친해요?"
"네, 그럼요."

"우리랑은 안 친해요?"
"아뇨, 이제 친해져야죠."
"어떻게요?"
"밥도 같이 먹고 같이 공부하고 놀다 보면 친해지겠죠."
"음~ 그렇구나."
"선생님, 저는요 컴퓨터도 잘 할 줄 알아요."
"나는 한글 못 읽어요."
"나는 엄마랑 말을 잘 못해요."

이런저런 이야기를 하는 아이들. 아직은 서로 익숙지 않지만 금방 친해질 거다. 오늘은 내 자리 찾기와 줄서기, 사물함과 신발장 찾기, 신주머니 정리하기를 배운다. 아이들이 자기 사물함에 들어 있는 걸 말하고 그림으로 그려 함께 보았다. 그림책 《오른쪽이와 동네 한 바퀴》를 읽었다.
타박타박 걷고 다다다 달려 보이는 것마다 펑 차는 걸 좋아하는 똘이의 오른쪽 운동화 오른쪽이의 이야기를 듣고 이야기를 나누었다. 똘이네 강아지 '동네 한 바퀴'를 걸어차던 오른쪽이가 할아버지 생일잔치에 온 신발들에게 펑 차여 한길로 내쳐질 때 아이들이 말했다.

"저럴 줄 알았어요. 자기도 펑 차이잖아요."
"어떻게 될까요?"

강아지 '동네 한 바퀴'가 다가올 때 아이들은 저마다 추측한 내용을 이야기했다. 그림책을 다 읽고 나서 우리는 내 실내화에 쓰인 이름 찾기를 했다. 아이들은 쉬는 시간마다 복도며 급수대와 화장실을 탐험하고 왔다. 긴장을 해선지 물도 자주 많이 마셨다. 복도에서 유치원 때 친구를 만나면 어찌나 반가워하는지 …….

몸에 비해 머리와 상체가 큰 1학년들은 자주 부딪히기도 하고 넘어지기도 한다. 그래서 쉬는 시간마다 선생님들이 복도에 나와 통행 지도를 하고 급수대와 화장실 앞에서 아이들을 돌본다. 4시간이 정신없이 돌아가다 보니 선생님들은 화장실 갈 틈도 없다. 4교시에 노래와 율동을 배우고 체조도 배웠다. 점심시간에 성이가 와서 같이 청소했다.

"선생님, 신주머니 놓고 간 아이가 둘이나 있어요."
"성아, 예전에 너도 신주머니 많이 놓고 갔었어. 생각 안 나?"
"생각나요. 집에 막 뛰어가다 보면 생각이 안 나요."
"집에 가는 게 그렇게 좋아?"
"네."

이렇게 말해 주는 성이가 고마웠다. 성이는 이제 2학년이니까 일주일에 한 번 오겠다고 했다. 성이가 가고 나서 예인이도 잠깐 들렀다. 2학년이 재미있다고 했다. 반갑고 고마웠다.

오후엔 학년 선생님들과 바뀐 교육과정을 살펴보고 아침 활동으로 계획한 선긋기 놀이와 동아리 활동으로 진행할 시 맛보기 자료와 그림책 읽기 주제를 정했다. 학년 업무를 나누고 정리하다 보니 퇴근 시간이 훨씬 지나 버렸다.
내일은 새로 만난 반짝이들과 일주일이 되는 날이다.
좀 더 친해지고 더 많이 웃는 날이 되길 바란다.

DATE.
2017년 3월

# 'ㅂ'으로 노는 날

지난 3월 마지막 주부터 교과서를 받고 교과 교육과정을 시작했다. 국어 교육과정에서 한글 익히기 시수가 대폭 늘어나 글자 익히는 공부를 찬찬히 진행할 수 있다. 오늘은 'ㅂ'으로 노는 날. 1~2교시는 교내 과학 탐구대회를 했다. 칠판에 탐구 주제인 '종이비행기 만들어 날리기'를 썼다. 그리고 '비행기'의 'ㅂ'를 골라서 '비'로 시작되는 낱말과 짝꿍 낱말 찾기를 했다. '비행기와 비행사', '비바람과 비구름', '비누와 비눗방울', '비밀과 비밀 열쇠, 비밀의 방, 비밀 친구', '비비큐와 바비큐', '비와 비옷, 빗방울, 우비' 그리고 '비비탄과 비비총'.

"선생님, 우리가 비행기를 만드니까 비가 와요?"
"비가 와도 비행기 날 수 있어요?"
"바람 불면 휘익 날 수 있죠? 선생님."
"나는 오징어 비행기 만들 거예요. 아빠한테 배웠어요."

색종이와 도화지를 사용해서 여러 가지 비행기를 접었다. 내 이름을 쓴 다음 날개를 꾸몄다. 그리고 내 소원도 적었다. 아이들의 소원은 각양각색이다. '장난감 많아지기', '왕젤리 사기', '유튜브 하기', '치킨 라면 먹기', '여행 많이 가기', '매일 엄마랑 있기', '선생님 사랑하기' 등. 잠깐 비가 그친 틈을 타서 운동장에 나가 비행기 날리기를 했다.

"재미있다. 또 하고 싶다."
"진짜 비행기 타고 싶다."
"놀이터에서 술래잡기 하고 싶어."
"어제는 정말 신나게 놀았죠? 또 체육하고 싶어요."
"놀아요, 선생님."

빗방울이 떨어져 교실로 돌아오면서 아이들의 이야기는 끝이 없다.

쉬는 시간에 상담 선생님이 우리 반 소원 쓰기 잘했다고 주신 젤리를 함께 나누어 먹었다. 그런데 29개만 주셔서 나는 없다고 했다. 그러자 기쁨이가 앞으로 나오더니 나를 보고 웃으며 말했다.

"선생님, 이거 먹어요."

배배 꼬인 비닐종이에 든 빨갛고 동그란 풍선껌 하나를 보여 주었다.

"아니야, 선생님 안 먹어도 괜찮아. 나중에 기쁨이 먹어."
"선생님 좀 좋은 사람이다. 나보고 먹으래."
"야~ 선생님 불량식품 안 먹어."

지우가 기쁨이 말을 받아친다. '우와~ 기쁨이가 나보고 좋은 사람이라고 했다.'

"기쁨아, 고마워. 선생님이 좋은 사람 같아?"
"네, 선생님. 선생님은 재미있는 것도 많이 알고 또 젤리 사탕도 주니까요. 히히히"

아이가 웃는다.
잇몸을 드러내며 활짝 웃는다.
온 세상이 다 웃는다.
그 아이가 내게 해 준 한마디. '좋은 사람.'
이 말 한마디로 행복함이 밀려왔다.

잠시 쉬었다가 선으로 'ㅂ'과 'ㅁ'을 그린 후에 젠가와 나무 도막을 사용하여 다양한 무늬 만들기를 했다. 아이들은 성을 쌓기도 하고 'ㅂ'자 다리를 만들기도 했다.
기쁨이가 친구들과 싸우지 않고 성 쌓기 놀이를 한다. 이제는 젠가도 친구들과 나누면서 논다. 아이들은 이리저리 자리를 옮겨 가며 노는 친구를 바꾸면서 한 시간 동안 놀고 또 놀았다. 5교시에는 '나무 심는 날'에 대해 이야기를 나누고 〈나무 심는 사람〉을 보았다. 그리고 전래 동요 〈나무 타령〉을 배우고 수업을 마쳤다.

오늘은 좋은 사람이었으니 내일은 참 좋은 사람, 모레는 참 괜찮은 선생님으로 글피는 참 참 괜찮은 선생님으로 살아야지. 나무 심는 날에 봄비가 와서 땅이 보슬보슬해진 것처럼 내게도 좋은 사람이라는 칭찬 말이 내려와 마음이 보들보들해졌다.

2017년 4월

# 숫자를 만난 'ㅅ'

자음 'ㅅ'으로 놀기 딱 좋은 날이다. 그림책 《파밍의 정원으로 놀러 오세요!》를 읽었다. 나는 숫자 그림책을 읽어 주려고 했는데 혁이가 자기가 가져온 파밍 그림책이 더 재미있다고 하자 아이들도 혁이 편을 들었다.

"좋다! 정말 더 재미있는지 읽어 볼까?"
"진짜, 재미있다구요."

아이들 말대로 그림책은 재미있었다. 수영을 좋아하는 펭귄 파밍이 그림책에서 숲과 정원을 보았다. 그리고 정원을 만들겠다는 야무진 꿈을 꾸게 되는데 우여곡절 끝에 친구들의 도움을 받아 정원을 만드는 이야기다. 그림책을 읽고 나서 칠판에 '1 큰 수와 1 작은 수'를 썼다.

"오늘은 무얼 공부할까요?"
"수학이요."
"네~. 그렇죠. 어제 우리는 무슨 글자랑 놀았는지 기억나요?"
"네, 'ㅂ'하고 놀았어요."

"그럼 오늘은 무슨 글자와 놀까요?"
"선생님이 칠판에 써 놓은 글자 중에 있어요. 상상해 보세요."
"저 알아요. 'ㅅ'이죠?"
"우와, 준아 그걸 어떻게 알았니?"
"왜냐하면 비읍 다음이 시옷이잖아요. 저는 글자를 잘 알걸랑요."
"역시 대단해."
"선생님, 오늘 반장이 준이라서 준이가 공부를 잘하나 봐요."
"준이는 귀여워요. 말도 잘해요."

나는 민이와 아이들이 준이를 칭찬하는 말을 듣고 가슴이 뭉클했다. 친구의 귀여운 점을 알아채는 아이들은 진정한 여덟 살이 맞다.

" 'ㅅ' 중에서 '수'로 시작되는 말을 찾아보세요. 오늘 읽어 준 그림책 주인공 파밍도 떠올려 보세요."

아이들은 숫자에서 0, 1부터 9까지를 떠올렸고, '수학'과 '수학 익힘', '작은 수'와 '큰 수', '수영장'과 '수영복, 수영 신발, 수영 모자', 수염은 '옥수수, 수탉 그리고 사자'를, '수요일'에 먹은 '수제비, 순대', '수박'은 '수박씨, 수박 아이스크림'을 찾았다. 찾은 글자 중에서 '1 큰 수와 1 작은 수', '0'을 배웠다. 그림책에 나왔던 펭귄의 수와 정원에 놀러 온 낙타와 얼룩말의 수를 비교해 보았다. 3은 2보다 1 큰 수이고 4보다 1 작은 수인 것을 배웠다. 비바람이 불어 파밍의 정원에 꽃이 없어진 장면에서 수를 떠올려 보며 '0'을 생각했다. 교과서 문제도 풀고 옆반 선생님이 보내 주신 프레젠테이션 자료 '카카오 수학 친구들'도 함께 보았다. 두 시간이 후딱 가 버렸다.

쉬는 시간. 아이들은 대출 카드를 들고 도서관에 가서 책을 빌려 오거나 교구 놀이를 했다. 'ㅅ'을 배운 날이라 실을 여러 개 묶어 실뜨기 놀이를 했다. 40단까지 계속되는 실뜨기에 아이들은 집중했다.

지우에게 실뜨기를 배운 준이가 곁에 있던 후에게 실뜨기 기술을 전수해 주었다. 4단 실뜨기를 어려워하는 후에게 몇 번이나 자세하게 가르쳐 주었다. 화장실 다녀오면서 싸운 용용이랑 현이도 어느새 실뜨기 동무가 되어 놀고 있다. 실뜨기는 소근육을 사용하면서 절차를 익히고 선을 자세히 살펴 모양이 바뀌는 것을 배울 수 있다. 작년 아이들과 달리 남자아이들이 이 놀이를 좋아하는 것도 퍽 놀라웠다.

3~4교시에는 'ㅅ'이 들어가는 '우리 반 약속 나무 만들기'를 했다. 학교에서 지킬 약속을 정하고 손바닥 나뭇잎을 만들어 약속 나무를 꾸몄다. 우리 반 약속은 모두 5가지다.

① 친구와 사이좋게 지내요.

② 서로 도와줘요.
③ 아침에 사이좋게 책을 읽어요.
④ 인사를 잘해요.
⑤ 선생님 말씀을 잘 들어요.

이 밖에도 손바닥 나뭇잎에는 자기 소원을 적는 아이들도 있었다. '행복한 우리 반', '친구 사랑하기', '선생님 사랑하기', '부자 되기', '장난감 많아지기' 등. 약속 나무가 두 그루 생겼다. 아기 나무에는 행복한 반과 인사 잘하기 나뭇잎을 붙이고 큰 나무에는 나머지 약속들을 붙였다.
5교시를 마치며 오늘 공부하면서 재미있었던 것을 떠올려 보았다. 또 집에 가서 이야기할 것도 생각해 보았다. 아이들은 'ㅅ'과 '수'가 들어간 말로 재미나게 공부했다고 그랬다. 이이들 세 명은 실뜨기 실을 빌려 가서 내일 가져오겠다고 했다.

"선생님, 우리 반은 도서관이랑 같아요."
"왜?"
"실도 빌리고 그림책도 빌리고 선생님이 쓴 책도 빌려주니까요."
"그래서 좋아요?"
"네, 좋아요."

이만하면 됐다.

내일은 '보건의 날' 행사와 '건강한 이'를 갖기 위해 불소도포도 한다. 그림책 《달달이와 콤콤이》를 보고 건강한 이에 대해 알아보고, 《치과의사 드소트 선생님》을 읽고 늑대를 고쳐 준 드소트 선생님의 선택에 대해 아이들의 생각을 들어 보아야겠다.

내일은 'ㅇ'을 배우기 딱 좋은 날이다.

# 스물아홉 개의 씨앗

씨앗을 심었다.
아이들은 월요일부터 씨앗과 화분을 준비하고 씨앗 심기를 기다렸다. 그림책《너는 어떤 씨앗이니?》를 읽으며 씨앗이 꽃으로 피어나는 과정을 살펴보았다. 민들레, 수수꽃다리, 모란, 봉숭아, 섬꽃마리, 접시꽃, 연꽃의 씨앗과 꽃 모양을 자세히 알아보았다.

"민들레 씨앗은 솜털을 타고 가요."
"수수꽃다리 씨앗은 코알라 코 같아요. 아몬드처럼 까매요. 바나나처럼 길쭉해요."
"봉숭아씨는 동글동글해요."
"섬꽃마리는 두더지 얼굴처럼 생겼어요."
"접시꽃은 바람개비예요."
"연꽃은 벌집 모양 집에서 자라요."

집에서 가져온 여러 가지 씨앗들을 관찰한 후 그림책을 보아서인지 아이들은 저마다 씨앗의 모양을 설명하고 씨앗 별명도 지었다. 드디어 씨앗을 심었다.

"화분에 자갈을 넣고 흙을 넣은 다음 손가락으로 작은 구멍을 만들어 씨앗을 넣고 살살 덮어요."
"선생님, 살살 해야 되지요?"
"그럼요, 아기들이니까 살살."
"이불 덮어 주는 것 같아요. 우리 엄마는 내가 잘 때 이불을 덮어 줘요."
"엄마가 덮어 주고 눈을 감으면 안 무서워."
"네, 씨앗들이 무서워하지 않게 잘 덮어 주고 인사도 해 주세요."
"선생님, 저는 모종인데 인사만 할게요."

다 심고 나서 창가에 쪼록이 놓아두었다.

"주말 잘 보내."
"사랑해."
"씩씩하게 자라."
"빨리 보고 싶어."
"안녕. 월요일에 와서 물 줄게."

아쉬운 마음을 뒤로하고 그렇게 집으로 갔다. 그런데 3시쯤 돼서 유진이가 교실로 왔다.

"궁금해서요. 봉숭아 씨앗 무슨 일 있나 보러 왔어요."
"그래요. 화분에 무슨 일이 있는지 보고 이야기해 주세요."
"선생님, 씨앗이 잠자고 있어서 아무 소리도 안 들려요."
"아~ 주말 보내고 월요일에 오면 소식이 있을지도 모르잖아요."
"네~ 선생님. 사랑해요. 주말 잘 보내세요."

한참을 화분 옆에 서 있던 유진이가 인사를 하곤 교실을 나갔다. 뒷모습이 환하다. 세상 온갖 일이 궁금해서 마음이 간질간질한 1학년. 그 아이들 바람대로 우리 반 화분에 심은 씨앗들도 잘 자라길 바란다.

다음 주 수업 자료를 정리하고 나서 윤복진 동요집《꽃초롱 별초롱》을 폈다. 동시〈씨 하나 묻고〉를 읽는다. 오늘 씨앗을 심은 우리 아이들의 마음이 고스란히 시로 느껴진다.

씨 하나 묻고              윤복진

봉사나무*
씨 하나
꽃밭에 묻고,

하루 해도
다 못 가
파내 보지요,

아침결에
묻은 걸
파내 보지요.

*봉사나무 : 봉숭아

**윤복진의 동요를 흥얼거리다 문득 시를 썼다.**

너는 어떤 씨앗이니?　최은경

1학년 1반 교실엔
여덟 살이 심은
29개 씨앗이 자란다.

찬바람 맞고
봄비를 견디며
으쓱으쓱
간질간질

와와와!

새눈을 피운 씨앗들 소리에
교실이 출렁인다.

너는 어떤 씨앗이니?

# 성장의 시간을 견뎌 내는 일

2교시 마치고 연구실에 다녀왔더니 기쁨이와 별이가 소리를 지르며 싸우고 있었다. 이야기를 들으니 별이가 기쁨이보고,

"디지몬 카드 다른 친구 건데 왜 니가 가지고 있냐?"

하고 물었더니 기쁨이가 자기 거라고 안 가져갔다며 욕하고 발길질을 했다는 거다. 기쁨이가 더 서럽게 울면서,

"내가 안 가져갔다고. 내 거라고. 왜? 왜? 왜?"

나한테도 발길질을 했다. 나도 덩달아 소리가 높아졌다.

"알았어. 알았다구. 이제 그만해. 선생님도 아파!"

기쁨이를 자리에 앉히고 손을 잡고 있으니 계속 소리를 지르고 울어 댔다. 난감하던 차에 복지사님이 교실로 오셨다.

"선생님, 제가 기쁨이 좀 데려갈게요."

"기쁨아, 선생님이 안아 줄게. 초대할게. 가자."

조용해진 교실. 별이가 갑자기 눈물을 흘린다.

"별이 왜 울어?"
"디지몬 카드 내 친구 거예요. 그런데 안 줘요."

얼굴이 빨갛게 돼서 운다.

"그래? 그 친구가 몇 반이야?"
"7반이요. 내 친구가 나한테 준 건데 기쁨이가 가져갔어요."

그래서 7반에 갔더니 별이 친구가 맞디고 해서 복지사실에 연락을 했다. 3교시 마치고 교실로 온 기쁨이가 별이에게 사과를 했다. 말짱한 얼굴이다. 복지사님이 많이 안아 주시니 말간 아이가 되어 왔다. 다행이다.
하루에도 몇 번씩 싸우고 우는 아이들을 달래며 지낸다. 우는 아이를 이해하려고 하지만 막무가내인 아이 앞에서 감정이 상하고 화가 날 때도 많다. 하지만 그때마다 교사의 역할은 일일이 잘잘못을 판정하기보다 억울한 마음이나 화나는 마음을 드러내고 싶은 말을 하게 하는 대나무 숲이라고 생각했다.
자신의 감정을 솔직하게 표현하는 힘은 어릴 때부터 길러지는 것이다. 기쁨이의 경우 한국 말이 힘든 엄마와 살면서 공감하는 마음을 쉽게 기를 수 없었을 것이다. 우리말도 텔레비전을 보고 익혔다고 했다. 아이는 집에서 못 한 말이나 감정을 학교에 와서 끊임없이 쏟아 낸다. 오죽하면 같은 모둠인 아이들이

"기쁨이 입 좀 막아 줘요. 다른 친구 이야기가 안 들려요. 말 좀 못 하게 해 줘요."

한다. 몸이 불편한 별이 엄마는 형, 누나와 동생을 데리고 있고 별이는 할머니 집에 맡긴 상태로 1학년에 입학하였고 지금까지 지내 왔다. 유치원에서도 놀이 활동은 적극적이나 글자를 쓰고 책을 읽거나 그림을 그리는 것을 굉장히 싫어했다는 것이다. 별이는 또래에 비해 자발적인 집중력이 부족하다. 상담을 하는데 엄마 옆에 붙어서 혀짤배기 소리를 하며 아기 짓을 했다.

"엄마, 놀이터에 있쪘어요? 나도 여기 있쪄도 돼요? 엄마 나중에 뭐 사 줘요."

난처한 표정의 엄마와는 상관없이 엄마 곁을 떠나려 하지 않는다. 분리 불안과 엄마를 독점하고 싶은 마음이 그대로 드러난다.

"앞으로 더 많이 사랑해 주겠습니다. 오늘부터 아이를 집으로 데리고 가서 돌보겠습니다."

상담 후에 엄마가 약속한 부분이다.
상담을 마치고 공부모임에 갔다. 오늘 있었던 일을 이야기하며 선생님들의 위로와 조언을 들었다. 6학년 담임 선생님의 고민도 함께 나누었다. 학교 안 교사 공부모임에서 '교사와 학부모의 관계 맺기, 학부모 간의 관계 맺기'에 대해 공부하는 사례도 나누었다. 비고츠키 교육학 입문서인 《관계의 교육학, 비고츠키》를 함께 읽었다.

> 교육 관계 왜곡은 마음가짐의 문제가 아닙니다. 객관적 관계 형성의 문제입니다. 제한된 점수와 등수, 학벌을 서로 획득하려고 경쟁해야 하고, 모두에게 골고루 나누어 줄 수 없는 상황에서 필연적으로 발생하는 것입니다. 또한 거대 학교-과밀 학급의 교육 환경에서 오는 물리적 한계이기도 합니다. 따라서 '서로를 존중하자', 혹은 '열심히 노력하자'는 것도 필요하지만 그것만으로 해결될 수 없습니다. (…) 이제 인간 발달을 도모하는 교육이라는 실천은 협력적 관계 속에서만 비로소 제대로 실현될 수 있는 것임을 분명히 할 필요가 있습니다. '적대'에서 '협력'으로의 교육 관계 재편을 통해 성장 과정에서

협력의 태도와 실천 그리고 함께 발달하는 기쁨을 경험해야 할 것입니다.

―관계의 교육학, 비고츠키, 비고츠키교육학 실천연구모임 엮음,
살림터, 2015, 249~250쪽

아이들에게는 문제 상황에서 '어떻게 하지?'를 결정하고 고민할 수 있는 시간과 공간이 필요하다. 더불어 교사와 학부모에게도 성장의 시간을 견뎌 갈 따뜻한 공동체가 필요하다.

# 마음이 열리는 시간


수업을 마쳤다. 아이들 모두 인사를 하고 교실을 나섰다. 기쁨이는 느릿느릿 주섬주섬 책가방을 챙기고는 뭔가 할 말이 있다는 듯 나를 보았다.

"기쁨아, 왜? 뭐가 궁금해?"
"네, 궁금해요."
"뭐가?"
"최승호가 누구예요? 어떻게 생겼어요? 선생님은 알아요?"

아침마다 '동시야, 놀자!'에서 말놀이 동시를 배우는데 오늘 아침에는 우리가 배우는 말놀이 동시 ㄱ부터 ㅎ까지 모두 최승호 시인이 쓴 것이라고 소개했다. 그런데 그 시인이 어떻게 생겼는지가 궁금했나 보다.
기쁨이의 쏟아지는 질문에 하나하나 답해 주었다. 최승호 시인의 사진도 찾아보고 동시 〈가오리연〉과 〈나무〉를 함께 외웠다. 〈나무〉는 내가 묻고 기쁨이가 답하고, 그 뒤에 기쁨이가 묻고 내가 답을 했다.

나무                    최승호

나무는 나무
나비는 나비
나는 나예요

달은 달
새는 새
나는 나예요

나는 딸국
뻐꾹이는 뻐꾹

— 최승호 시인의 말놀이 동시집1, 최승호 글, 윤정주 그림, 비룡소, 2005

"선생님, 동시가 재미있어요."
"기쁨이, 정말 최고다. 이렇게 시를 좋아하는 줄 몰랐어. 동시 많이 배우면 좋은 시도 쓸 수 있단다."

나도 모르게 아이의 손을 잡고 아이의 눈을 가만히 바라보았다. 큰 눈이 깜빡거린다. 그 순간 나는 내가 무엇을 해야 할지 깨달았다.

"미안해, 기쁨아. 아침에 선생님이 화내서 정말 미안해."
"괜찮아요. 선생님. 미안해요. 친구랑 싸우고 소리 질러서."

기쁨이를 가만히 안아 주었다. 아이의 작은 가슴이 팔딱거렸다. 아이가 작은 손으로 내 등을 두드려 주었다.

"메, 꽁리 하우 이게 무슨 뜻이게요?"
"모르겠는데."
"'엄마, 학교 다녀오겠습니다'예요."
"아~ 그래. 고마워."

우리는 칭찬 비타민 하나씩 나눠 먹고 화해 선물로 초콜릿 세 개를 주었다. 공부방 친구랑 엄마와 같이 나눠 먹기로 했다. 1층까지 배웅을 했고 기쁨이는 밝게 웃으며 갔다. 교실까지 오면서 생각했다.
'여덟 살 아이의 마음을 얻는 데 석 달이 걸리는구나! 아이가 먼저 말을 걸어왔다. 다행이다.'
아이의 마음이 열리니 내가 더 기쁘다.

DATE.
2017년 5월

# 학교 엄마

학부모와 함께 하는 수업에 많은 분들이 오셨다. 이번 수업은 평소 수업 그대로 그림책을 읽고 자신의 생각을 나누는 과정에서 아이들과 어른 모두 적극적인 독자가 되는 것이 목표다. 부모님들이 오시자 아이들은 들뜬 마음으로 엉덩이가 들썩들썩했다. 수업 종이 울려도 자리에 앉지 않고 엄마 품에 안긴 아이가 많아 시작이 늦어졌다. 아이들을 다독거려 교실 가운데 앉히고 남은 자리에 가족들이 앉았다. 그림책《엄마 마중》을 함께 읽었다. 표지부터 보았다.

"제목이 뭐예요?"
"엄마 마중이요."
"마중이란 말을 아나요?"
"마주 보는 거."
"엄마 심부름 가는 거예요."
"엄마한테 가는 거요."

아이들은 자신의 이야기를 신나게 했다.

"그래요, 마중은 오는 사람을 나가서 맞이하는 거예요."
"아~ 그럼 엄마가 어디서 오는 거예요?"
"네. 누가 주인공일까요?"
"아기예요. 저기 아기가 마중하러 가니까요."

간지에 그려진 동네 풍경을 보면서 이야기를 나누었다.

"여기가 어딜까요?"
"동네예요."
"잘 모르겠어요."
"랑이 할머니 할아버지 혹시 이런 동네에 사신 적이 있나요?"

수업에 참석하신 랑이 할머니께 여쭈었더니

"내가 결혼하기 전에 저런 동네에 살았어요. 계단도 많고 집집마다 창문도 많은 그런 동네였어요."
"우와~ 그럼 우리 할머니 어릴 적 이야기네요."

랑이가 환한 얼굴로 좋아했다.

"그런가 봐요. 할머니께서도 어릴 때 엄마 마중 가신 적이 있나요?"
"네. 엄마가 일하러 가시면 동생 업고 갔었지요."

"자, 그럼 랑이 할머니 이야기를 기억하며 함께 읽어요."

할머니의 삶이 더해지자 그림책 읽기는 풍성한 이야기 자리가 되었다.

"저기 아기 업은 누나가 있어요."
"그런데 아기는 누나도 없나 봐요. 혼자 앉아 있으니까 참 외롭겠다."
"전차에도 엄마 손잡고 내리는 아이들이 있어요."

아이들은 주인공 아가의 시선이 어디 머무는지 또 어떤 마음인지를 알아챘다. 나는 이 그림책을 수십 번 읽어 주고 수업을 했는데 이렇게 할 때마다 새로운 것을 찾게 된다. 모두 눈 밝은 아이들 덕분이다.

> 아가는 세 번째 차장이 이야기해 준 대로 바람이 불어도 꼼짝 안 하고, 전차가 와도 다시는 묻지도 않고, 코만 새빨개서 가만히 서 있습니다.

— 엄마 마중, 이태준 글, 김동성 그림, 보림, 2013

"어, 하늘에서 눈이 와요."

"참 춥겠다."
"어떡해요? 엄마는 왜 안 와요?"
"그러게요. 하지만 그림책을 자세히 보면 엄마랑 아기가 만나고 있어요. 이렇게요."

아이들은 김동성 작가가 그려 놓은 마지막 장면을 서로 보려고 앞으로 막 달려왔다. 그림책도 보고 화면에서도 찾았다.

"진짜예요. 정말 만났어요."
"선생님, 나도 엄마 기다린 적 있어요."

송이 이야기를 시작으로 아이들은 저마다 엄마를 기다린 경험을 말했다.

"서울에서 엄마가 회사 다니는데 회사 앞에 가서 엄마를 만나서 왔어요."
"엄마가 마트 가는데 동생만 데리고 가서 나 혼자 기다렸어요. 무서웠어요."
"나는 엄마가 분리수거 하러 갈 때 혼자서 기다렸어요."
"엄마가 동생 낳으러 갔을 때 3일 동안 엄마 기다렸어요."
"그런데 우리 엄마는 오늘 학교에 안 온대요. 내가 오라고 했는데 못 온다고 했어요."

"학교 엄마는 선생님이니까 선생님하고 같이 있으면 되잖아."

'에고, 똘똘한 진이!'

"그래, 기쁨아. 선생님이 학교 엄마 해 줄게."
"그래도 진짜 엄마 와야 하잖아요."
"나도 엄마가 회사 가서 안 왔는데."

씩씩한 송이의 이야기에 기쁨이도 끙 하며 슬픔을 참고 화내는 걸 그쳤다. 그런 기쁨이를 율이 엄마가 가만히 안아 주어 참 좋았다.

"이제는 내가 아기가 돼서 엄마를 만나면 하고 싶은 말을 해 봐요."
"엄마, 왜 이제 왔어."
"엄마는 잔소리 대마왕이야!"
"엄마 사랑해요."
"엄마 배고파."

아이들은 저마다 하고 싶은 말을 쑥스러운 듯 했다. 부모님들은 아이들이 말할 때마다

"아! 우와! 그래? 하하하."

탄성과 박수와 응원과 격려를 보냈다.

다음은 어떤 활동을 할까 물었더니 선물 주기를 하자고 했다. 아이들이 서로 아가를 하고 싶다고 해서 주사위 굴리기로 순서를 정했다. 마침 지우가 됐는데 용용이가 너무 하고 싶다고 떼를 쓰니 지우가 그러라고 양보를 했다. 가족들과 우리는 지우에게 손뼉을 쳐 주었다. 이제 몸짓으로 선물을 주고 난 뒤 알아맞히기 놀이를 했다.

"나는 나무를 줄 거야. 아이가 온종일 기다리면 배고팠을걸. 나무를 칼로 깎아 포크를 만들면 엄마가 왔을 때 그 포크로 바로 고기 구워서 스테이크 먹으라고."
"나는 붕어빵을 줄 거야. 따뜻하라고."
"나는 점퍼를 아주 따뜻하고 큰 걸 줄 거야."
"부모님들 중에서도 해 주실 분 있으세요?"

가만히들 계셔서 아이들의 이야기를 더 들었다.

"나는 아가가 불쌍해요. 온종일 밤이 될 때까지 밖에서 너무 오래 기다렸어요."
"그래도 씩씩한 아가예요."
"나는 폭탄을 줄 거야. 팡 터트리면 더 따뜻해지니까. 우하하하."

장난꾸러기 아이의 말에 엄마와 아빠 얼굴이 빨개지기까지 했다. 아이들 이야기는 차고 넘쳐서 쉬는 시간이 되어서도 다 끝나지 않았다.

4교시가 시작되어 오신 부모님들께 감사 인사를 했다. 그런데 엄마 손을 놓지 않고 따라가려는 아이랑 이런 아이를 떼 놓지 못해 안절부절하는 엄마도 있고, 수업 도중에 오빠 반에 잠깐 다녀온 걸 모르고 엄마가 먼저 가 버렸다고 펑펑 우는 아이도 생겼다. 게다가 엄마가 오지 않는 아이는 화가 나서 소리를 질렀다. 정말 1학년 수업은 어떤 돌발 상황이 일어날지 몰라 난감할 때가 많다. 우여곡절 끝에 부모님들이 모두 가시고 조용히 자리를 정돈했다. 그리고 아가에게 줄 선물을 그렸다. 이 그림들이 모여 2017년 우리 반 첫 번째 그림책이 될 것이다.

수업을 마치고 교실 정리를 한 다음 부모님들이 쓴 소감문과 아이를 관찰한 내용을 읽어 보았다. 부모님들이 쓴 글에는 아이를 바라보는 대견함과 부족함에 대한 걱정이 함께 들어 있었다. 특히 자신 있게 발표를 못 하는 점을 걱정하는 내용이 많았는데 더 중요한 것은 다른 사람의 말을 잘 듣는 힘을 기르는 것이며 잘 들어야 제대로 말할 수 있다는 것을 더 지도해야겠다는 생각이 들었다.

2017년 5월

# 성장에서 가장 중요한 것

학년 공개 수업을 했다. 선생님들과 수업을 계획하며 아이들과 교사가 가장 어려워하지만 꼭 다루어야 하는 주제를 찾아 좀 더 쉽고 재미있는 수업을 구성하고 실천하고자 했다. 모든 선생님들이 꼽은 1순위는 '한글 해득'이었고 6단원 '받침이 있는 글자'를 온전히 익히는 것을 지금 가장 중요한 과제로 결론을 내렸다. 일명 '성큼성큼 한글 공부'.

지난 3월부터 국어 1단원 바른 자세로 읽고 쓰기, 2단원 재미있게 ㄱㄴㄷ, 3단원 다함께 아야어여, 4단원 글자를 만들어요, 6단원 받침이 있는 글자까지 모두 10차시씩 50차시에 걸쳐 한글을 익히고 있다.

우리 반에서는 국어뿐 아니라 모든 교과 시간에 한글을 익힌다. 예를 들면 수학이나 통합 교과에서도 단원을 알아보거나 배움 주제를 익힐 때 괄호 안에 낱자를 추측해서 쓰기, 받침이 빠진 글자 완성하기, 비슷한 글자 중에서 골라 넣기를 통해 끊임없이 한글 해득에 노출이 되도록 하고 있다. 그 밖에 자음자 말놀이 동시 맛보기, 가족과 함께 하는 글자 읽기, 그림책 제목 가족에게 알려 주고 써 오기 등 학교와 가정이 연계한 한글 익히기 놀이도 꾸준히 하고 있다.

이번 공개 수업은 50차시에 걸친 한글 해득 수업을 마무리하는 의미를 가진다. 40분이라는 짧은 순간을 보여 주는 것이 아니라 교육과정을 기반으로 하고 우리 반, 아니 우리 학년 전체가 함께 진행하는 한글 해득 수업의 결과를 함께 나누는 것이 목표였다. 그렇다면 이 큰 목표를 어떻게 여덟 살 아이의 몸과 마음속으로 잘 녹아들게 하는지가 문제이다. 다양한 방법이 논의되었다.

배움 열기에서는 그동안 익힌 자음자 말놀이 동시와 시노래 〈개구장이 산복이〉를 활용하기로 했다. 활동은 두 가지다. '선생님과 글자 만들기'와 '짝과 글자 만들기'. 학습 목표를 알아보는 과정에서는 아이들의 이름과 사진을 활용하기로 했다. 받침을 활용한 글자 만들기는 다양한 자료를 활용했다. 흰 칠판과 색깔 펜, 자음자 카드, 그림과 노래 자료 등이다. 사전 협의 때 교수-학습 과정안을 보고 의견을 나누었다.

'꼬 → 꽃, 바 → 밭, 비 → 빛'

이런 글자들은 아이들이 매우 어려워할 것이라는 의견이 나왔다. 그래서 통합교과 시간 수업 만들기를 하며 '여름 꼬 → 여름 꽃', '비 옷 만들기', '햇빛이 반짝', '바 → 밭에서 나는 식물' 이런 말을 익혔다.

드디어 수업이 시작됐다. 아이들은 발표도 잘하고 친구 이름 맞히기에서 배움 문제 찾기를 좋아했다. 글자 만들기도 잘했다. 짝이랑 함께 만드는 데 서로 협력하는 모습이 예뻤다.
'벼'에서 '벽'을 만들 때였다.

"선생님, 벼랑 보리랑 다르지요?"
"선생님, 사진을 보니까 벼랑 보리가 어떻게 다른지 모르겠어요."
"우리가 보리보리쌀 놀이 할 때 쌀이 되는 것이 바로 벼예요."
"어떻게 다른지 사진을 보여 줄게요."

그래서 벼와 보리 사진을 견주어 보고 벼꽃과 보리 꽃도 찾아보았다.

"선생님 그런데 화면에 검은색이 많아요. 우리 반에도 검은색이 많아요. 검은색 써 봐요."

오랜만에 준이가 자기 생각을 말했다. 그래서 '거으 색'이라고 칠판에 쓰고 난 뒤 소리 내어 읽고 받침을 찾았다.

"검은 음이니까 미음이고요, 은은 최은경의 은이에요."

똘똘한 준이가 답을 말했다. 칭찬 박수도 받았다.
짝과 함께 만든 창의 문제로 '벼'에서 받침을 받쳐 여러 낱말 만들기를 했다. 아이들이 가장 많이 만들 글자는 '별'이었고 그 밖에 '병, 벽, 변, 법'까지 만들었다.
공 돌리기 놀이도 무척 재미있었다.

"수업이 재미있어요."
"더 하고 싶어요."
"선생님, 수학 골든벨도 하고 싶어요."
"OX 퀴즈도 해요."

아이들이 모두 돌아간 뒤 선생님들과 평가를 했다. 여러 가지 이야기가 나왔고 한글 낱자 익히기 과정이 잘 진행되었다, 자료가 좋았다 등의 평가가 있었다. 하지만 기쁨이는 마지막 공놀이 외에 계속 장난치고 키즈폰을 만지작거렸다고 선생님께서 이야기해 주셨다.

"그래도 평소 수업보다 더 집중하고 잘했어요. 돌아다니지도 않고 소리도 안 지르고."
"이번 한 시간이 아이에게 전부는 아니지요. 다음 주에 또 달라지고 방학 지나고 오면 더 여물어서 올 거예요."
"아, 그런데 벼를 모르는 아이가 많았어요."

"보리도 그렇고. 직접 보고 체험하는 것이 제일 좋은데."
"2학기 가을 배울 때 좀 더 자세히 다루면 어떨까요?"

이렇게 해서 한글 자모음 익히기, 받침 있는 글자 익히기까지 50차시의 한글 낱자 익히기를 살펴보았다. 이제 낱말을 넣어 문장 완성하기와 1학기 마지막 그림일기 쓰기를 배우면 한글 수업이 완성된다.
스스로 글자를 익히고 자신의 생각을 잘 표현하기까지 아이들의 발달과 성장은 끝이 없다. 성장의 과정에서 가장 중요한 것은 교사라고 생각한다. 아이들이 성장하며 모방하는 대상은 그 누구도 아닌 바로 교사이기 때문이다.
나는 아이들과 함께 자모음 말놀이 동시를 외우고 그림과 몸짓으로 표현하고 노래로 부르는 것이 즐겁다. 내가 즐겁고 재미나게 하면 아이들은 더 신나게 따라 하고 가끔은 내가 생각하는 것 이상의 결과를 보여 준다.
그래서 교사 자신이 바로 한글 교육과정이란 생각을 한다. 우리 반 29명 아이들에게 '교사 최은경'이 살아 있는 한글 교육과정이다. 참 어렵고 힘들지만 한편으로 가슴 벅찬 역할이다.

# 알사탕이 필요한 날

그동안 읽어 주고 싶은 마음을 참고 참았던 백희나 작가의 그림책 《알사탕》을 읽었다. 친구 없이 혼자 노는 아이가 문방구에서 산 알사탕을 먹고 귀가 뻥 뚫리면서 이상한 일이 벌어지며 일상의 슬픔을 다독이는 이야기다. 특히 동동이 아빠의 잔소리가 한 쪽 가득 펼쳐지는 장면은 압권이다.

"선생님, 우리 엄마 잔소리랑 똑같아요."
"9시다, 얼른 자라, 이 닦아라, 책 읽어라, 만화책 읽지 마라, 똑같아요."
"그런데 동동이네는 왜 아빠가 잔소리를 하지?"
"그러게. 우리 집에는 엄마가 잔소리 대마왕인데."
"엄마가 없으니까 그렇지."
"엄마가 죽었나? 엄마랑 이혼했나 봐!"
"아니야, 동동이네 엄마 공부하러 미국 갔을 것 같아. 집에 책이 많을 것 같아. 아빠가 계속 책 읽으라고 하잖아."
"아니야, 엄마가 병원에 있어. 그러니까 아빠가 설거지도 다 하는 거지."

아이들은 저마다 생각을 말하면서 동동이가 아빠의 마음의 소리인 "사랑해, 사랑해, 사랑해"를 듣는 장면에서 웃었다. 아이들이 제일 좋아한 알사탕은 할머니 목소리가 들리는 분홍색 풍선껌 사탕이었다. 할머니 목소리를 들으니 마음이 푸근해졌다고 한다. 그리고 동동이가 씹던 풍선껌을 아빠 몰래 식탁 아래 숨겨 두는 장면을 좋아했다.

"내 동생은 코딱지도 붙여요."
"나도 껌 붙이고 나서 다시 먹어요."
"식탁 밑에 두면 아빠가 모르니까 짱이죠."

책을 다 읽고서 뒤표지를 볼 때였다.

"선생님 동동이네 집은 지하에 있죠?"
"왜 그렇게 생각해요?"
"음~ 그림에 1층 아니 현관이 있잖아요. 그런데 동동이네 집은 1층 아니고 지하 반 층인 것 같아요. 그러니까 자전거랑 보드도 앞에 두었잖아요."
"우리 집도 반지한데요."
"우리 집도 그래요."

우리 반 아이들의 주소록엔 대문자 B로 시작되는 곳이 있다.

그래서 동동이네 집도 그렇다고 생각을 한다고 했다.
백희나 작가의 그림책은 《구름빵》부터 《장수탕 선녀님》 《이상한 엄마》를 거치며 그 안에 담긴 이야기들이 점점 깊어지고 있다. 오늘 읽은 《알사탕》에서 동동이 아빠는 혼자 아이를 키우는 모습을 보여 준다. 공전의 히트작인 《구름빵》이 중산층 엄마와 아빠의 뚜렷한 성 역할을 보여 준 작품이라면 《알사탕》에서 아이는 여덟 살 된 반려견 구슬이와 돌아가신 할머니(혹은 이모할머니), 잔소리꾼 아빠의 사랑으로 드디어 친구를 만나 함께 노는 모습을 보여 준다. 읽는 내내 뿌듯했다. 마지막 투명한 사탕을 먹고 먼저 "우리 친구 할래?"라고 말하는 동동이.

"선생님, 나도 동동이처럼 먼저 말했어요."
"저두요, 교구 놀이 할래? 놀이터에서 놀래? 이렇게요."
"그래요, 모두 용감해요."

그림책을 다 읽고 나서 알사탕을 하나씩 먹고 '내가 먹고 싶은 알사탕 그리기'를 했다. 초코맛 멍멍이 알사탕, 땅콩맛 친구 할래 알사탕, 핑크색 공주 알사탕, 요술봉 알사탕, 20년 동안 마술사와 친구 되는 마술 알사탕, 돌아가신 할머니를 만날 수 있는 분홍색 날개 알사탕, 솜사탕 맛 비밀 알사탕, 투명인간 알사탕, 로봇 알사탕도 있다. 알사탕은 정말 맛있고 재미있어 보였다. 아이들이 그린 그림을 붙여서 세상에서 하나뿐인 그림책 《우리 반 알사탕》을 만들었다.
3~4교시에는 여름 비 오는 날 풍경을 그렸다.

"선생님 지금 몇 교시예요?"
"4교시다. 좀 전에 4교시 시작했다고 말했잖아."
"언제요? 언제 그랬어요? 못 들었다구요."

혼자 복도에 나가 장난치다 들어온 기쁨이와 실랑이를 했다.

"레이저 장난감 이리 가져와."
"내 건데 선생님이 왜 가져오라고 해요?"
"다른 반 친구한테 자꾸 쏘니까 그 반 선생님께 전화 왔잖아."
"나는 그냥 논 거예요. 쏜 게 아니라구요. 왜요 왜 내 건데, 왜 자꾸 가져오래?"

소리 소리 지르는 통에 비 오는 날 그리던 아이들 모두 한숨을 쉬었다.

"아~ 나도 마법 알사탕 있으면 좋겠다. 기쁨이가 선생님 말 좀 잘 알아듣게."
"선생님, 내가 만들어 줄까요?"
"정말 만들어 줄 수 있어?"

"네. 제가 내일 망고맛 젤리 사탕 가져와서 기쁨이 주면 돼요. 젤리 사탕 주면 잘 들어요."
"음~ 꼭 그렇게 해 주렴."

계속 화내면서 알림장을 구기고 있는 기쁨이.

"1반 친구들, 마법 알사탕이 있으면 꼭 나눠 먹자. 기쁨이도 나눠 먹을 거지?"
"나는 마법 풍선껌이요."
"그래, 멋지다. 기쁨이가 만든 풍선껌 먹어 보고 싶다."
"정말요?"

기쁨이와 입씨름도 끝났다. 내게도 알사탕이 필요하다.

# 그림책 탐정 놀이

"선생님, 그 가방에 뭐 들었어요?"
"그림책이랑 공책이요."
"무슨 그림책이요?"
"탐정 놀이요."
"와우~ 탐정? 우리가 범인을 잡는 거예요?"
"네."

요렇게 분위기를 띄우고는 조금 깊이 있는 그림책을 읽기 시작했다. 앤서니 브라운이 쓰고 그린 《터널》을 읽었다. 사실 이 책은 그림책을 공부하는 사람들에게 무한한 상상력을 주는 책이다. 나는 이 책 속에 들어 있는 많은 즐거움들을 생각하며 우리 반 아이들에게 꼭 맞는 것이 무엇일까 생각하고 또 생각했다.

우선 그림책 속 그림을 읽어 내는 재미를 느끼게 하고 싶다. 함께 읽으며 추리하고 발견하는 기쁨을 느끼고 싶다. 그림책 속 여성과 남성의 합일, 특히 '로즈'라는 누이동생의 역할을 통해 옛이야기가 가진 문제점을 보완해 주는 생각 나눔을 가지고 싶다. 마지막은 읽는 과정에서 터져 나오는 아이들의 멋진 생각들을 훔쳐보고 싶다.
생각보다 많은 아이들이 앤서니 브라운의 그림책을 즐겨 읽고 좋아했다. '윌리 시리즈'와 '고릴라'가 등장하는 그림책들을 살펴보았다.

"선생님, 그림책에 비슷한 그림이 있어요."
"뭐요?"
"돼지책에는 돼지 그림이 있고, 고릴라에 바나나가 있어요."
"바나나? 아빠 주머니에 있었지? 나도 봤어."

이렇게 말하는 아이는 바로 기쁨이다.
'좋아, 수업 시작이 멋진데.'

"오~ 그렇구나. 그럼 이 그림책엔 뭐가 들어 있나 볼까?"
"탐정 놀이 하는 거죠?"
"그렇지, 그림책 탐정 놀이. 단서를 찾아라 얍!"

한 시간 꼬박 그림책 속에 숨겨 둔 그림 찾기 놀이를 했다. 이 그림책은 앞표지와 뒤표지 앞면지와 뒷면지부터 이야기가 시작된다. 작가가 숨겨 둔 이야기들의 숲을 아이들과 함께 요리조리 헤쳐 나갔다.

어느 마을에 오빠와 여동생이 살았어요. 둘은 비슷한 데가 하나도 없었어요. 모든 게 딴판이었죠.
동생은 자기 방에 틀어박혀 책을 읽거나 공상을 했어요. 오빠는 밖에 나가서 친구들과 웃고 떠들고, 공놀이를 하고 뒹굴며 뛰어놀았고요.

― 터널, 앤서니 브라운, 장미란 옮김, 논장, 2002

"우리 반에도 이런 친구들이 있어요?"
"네. 저는 운동장에 나가서 막 달리고 싶어요."
"나는 교구 놀이가 더 좋은데."
"나랑 운동장 가서 달리기할 사람?"

첫 장부터 아이들의 이야기가 쏟아졌다.

"내 동생도 이래요. 나는 책 보고 싶은데 내 걸 가지고 가서 맨날 싸워요."

둘은 얼굴만 마주치면 티격태격 다투었어요.
언제나 말이에요.
어느 날 아침, 엄마가 보다 못해 화를 냈어요.
"둘이 같이 나가서 사이좋게 놀다 와! 점심 때까지 들어

오지 마."
하지만 오빠는 동생이랑 같이 놀기 싫었어요.

— 앞의 책


"아! 알겠어요. 책이랑 공은 동생과 오빠를 나타내요."
"이제 터널로 들어가야 하는데 여동생은 망설이고 있어요. 여러분이 여동생이면 어떻게 할 건가요?"

따라 들어간다, 엄마를 불러온다, 오빠 친구들한테 가 본다, 정말 여러 가지 이야기가 나왔다.

"그런데 제일 재미난 건 터널 속에 들어가 보는 거죠."

씩씩한 연이가 외쳤더니 다른 아이들 모두 자기도 그러겠다고 했다. 자기들은 벌써 놀이공원 귀신의 집도 가 본 적이 있고, 동굴에도 들어간 적이 있으며, 기차도 많이 타서 터널은 식은 죽 먹기라고 했다.
우리는 작가가 그린 터널 속 세상에서 신기한 것들을 만났다. 숨은그림찾기나 미로 찾기를 제일 좋아하는 여덟 살 아이들은 그림 속에 숨은 단서들을 잘 찾아냈다. 심지어 오빠가 멈춰 선 작은 돌 원들이 서서히 바뀌어 들국화 원이 되는 것까지.

한 시간 넘게 그림책을 보고 이야기를 나누었다.
드디어 마지막 돌이 된 오빠를 구원한 여동생이 환하게 웃는 것으로 이야기가 끝났다.

"왜 여동생 얼굴만 그려졌나요?"
"여동생이 오빠를 어떻게 구했을까요?"
"여동생과 오빠의 다른 점을 찾아봐요."

쉬는 시간 아이들은 내가 낸 질문에 자기의 생각을 말로 했다. 인물의 다른 점을 찾아보자고 했더니 아이들이 같은 점도 있다며 자기들이 말해 보겠다고 했다. 아이들의 이야기 속에 옛이야기가 가진 가장 큰 힘이 발견되기 시작했다.
같은 점은 두 아이가 모두 쫓겨났다는 점이다. 집에서 쫓겨나거나 집을 나간 많은 아이들을 떠올려 보았다.

"그림책에도 있어요."

쫓겨난 아이들의 단서를 찾았다. 그중에서도 찬이는 정말 눈이 밝았다.

"우와~ 찬이는 정말 탐정이에요. 명탐정 코난 같아."

민이의 칭찬에 얼굴이 빨개진 찬이.

"그래, 나도 알아!"

찬이의 대답이 더 압권이다.

쫓겨난 아이들은 모험을 통해 서로가 서로를 살린다. 아이들이 찾아낸 '헨젤과 그레텔', '잭과 콩나무', '괴물들이 사는 나라의 맥스'도 그렇다. 그레텔이 헨젤을 살려 내고 구원자가 된 것처럼 돌로 변한 오빠를 구한 로즈의 모습은 아름답다.

요즘 아이들은 어른들에게 쫓겨나거나 힘들 때 숨어들어 놀 수 있고 모험을 즐길 곳이 없다. 그런 아이들에게 그림책 속 모험 놀이와 상상 놀이 그리고 추리하며 읽기가 바로 그 모험이 될 수 있을 것이다.

탐정 놀이에 너무 집중해선지 배가 고팠다. 우리는 우유와 간식을 먹고 쉬었다가 《우리 반 터널 이야기》 책을 만들었다. 주제는 '터널을 지나 만나고 싶은 세상 그리기'다.

아이들이 그린 세계는 다양했다. 블록 세계, 피카츄 세계, 장난감 나라, 음식랜드, 책 나라, 로봇 열매 세상, 과일 나라, 신비열매 나라, 공주와 왕자가 있는 무도회장, 패션왕국, 인형 나라, 아이가 엄마를 혼내는 곳, 돈이 쌓인 부자 나라…….

그 속에서 아이들은 자기들의 시공간을 꾸미고 소원을 성취한 이야기를 하며 즐거워했다. 터널을 꾸미고 만들고 상상하며 아이들은 혼잣말을 한다.

"어떻게 할까? 이렇게 해도 될까? 무슨 로봇이지?"
"힘 센 약물이 뭐지? 끈끈이 죽?"

아이들의 말이 생각을 이끌고 생각이 손을 거쳐 그림으로 그려진다. 그래서 여덟 살 그림책 탐정 스물아홉의 하루는 즐겁다.

# 일기 쓰기에 관한 당부

일찍 학교에 갔다. 다행히 어제 정리를 해 두어서 아침 시간이 바쁘지 않았다. 아이들이 왔다. 1교시에 방송 조회로 종업식을 했다. 2교시에는 어제 발표하지 못한 아이들의 일기를 들었다. 아침에 연이 엄마가 보내 준 그림일기도 함께 보았다.

> "어젯밤에 학교에서 있었던 일이 너무 재미있었다며 그림일기로 표현하더니 선생님한테 보내야 된다 하면서 보냈네요. ㅋㅋ 요즘 집에서 그림일기 쓰는 재미로 살고 있는 ○연이입니다."

방학 과제에도 그림일기가 있다.

"선생님, 그림 안 그려도 돼요?"

지우는 그림 그리는 게 걱정인가 보다.

"그럼요. 글로만 써도 됩니다. 꼭 그림일기장은 사서 쓰지 않아도 됩니다."

"10칸 공책에 써도 돼요? 종합장에도요?"
"예. 칸 공책도 좋고 넓은 줄 공책에 써도 됩니다."

《내가 처음 쓴 일기》를 읽어 주었다. 윤태규 선생님은 아이들에게 다섯 가지 이야기를 들려주신다.

> 정직하게 씁니다.
> 일깃감을 잘 골라 씁니다.
> 자세히 씁니다.
> 밤에 쓰지 않습니다.
> 그리고 글자를 잘 몰라도 아는 대로 씩씩하게 씁니다.

자세히는 날씨를 맑음이나 흐림이 아니라 바람이 불기도 하고 해가 떴다가 다시 구름이 끼는 날처럼 자세히 쓸 것을 일러 주셨다. 또 학부모에게 주는 당부는 더 자세하다.

> 1. 일기 쓰기로 국어 공부를 시키지 않았습니다.
> 2. 특별한 일을 쓰라고 하지 않았습니다.
> 3. 길게 쓰라고 하지 않았습니다.
> 4. 잠자기 바로 전에 일기를 쓰게 하지 않았습니다.
> 5. 생활을 반성하는 것이 일기라고 하지 않았습니다.
> 6. 생각이나 느낌을 넣어 쓰라고 하지 않았습니다.

7. 열 칸짜리 보통 공책에 쓰도록 했습니다.
8. 일기장 내용을 두고 아무런 간섭을 하지 않았습니다.
9. 일기를 숙제로 쓰게 하지 않았습니다.
10. 그림일기로 시작하지 않았습니다.
11. 절대로 부모님이 대신 써 주는 일이 없도록 부탁을 했습니다.
12. 어른부터 일기 쓰는 모습을 보여 주었습니다.
13. 아이의 일기장을 소중히 여깁니다.

이 중에서 2번은 정말 마음에 와닿는다. 특별한 날은 너무 기쁘거나 너무 힘들어서 혹은 하는 일이 많아 지치게 되어 일기 쓰기가 힘들다. 그리고 어른부터 일기 쓰는 모습을 보여 주자는 당부도 마음에 새기게 된다.
나는 내가 쓰는 교단일기를 가끔 우리 반 아이들과 함께 읽는다. 아이들은 자기 이야기가 나오면 무척 신기해하고 즐거워한다.

여름방학 계획서를 요리조리 훑어보고 학교 소식지도 읽어 보았다. 이어서 한 학기 동안 고마운 친구와 미안한 친구를 떠올려 보고 '안아요' 놀이를 했다. 미안한 친구보다 고마운 친구가 더 많았다. 아이들 중 몇 명이 내게 와서 "선생님, 고마워요. 사랑해요"라며 안아 주자 다른 아이들도 우르르 몰려와서 서로 안아 주겠다고 했다.

"선생님도 고마운 친구도 있고 미안한 친구도 있어요."

기쁨이를 힘껏 안아 주었다. 미안하고 애틋한 마음이 들었다.

"선생님, 선생님도 먹어요. 비타민 먹고 빨리 나아서 와요."
"이제 우리 2학년 되는 거예요?"
"국어 1-1 다랑 라 배워요?"
"언제 학교 와요?"

에궁 1~2교시 때 다 일러 준 걸 그새 까먹고는 딴소리다.

"아직 1학년이에요. 국어 1-2 가와 나를 배워요. 개학 날 교실로 오면 됩니다. 네, 신주머니 가져와요. 알림장도 필통도 가져와요. 계획서에 다 있어요. 선생님이 개학 전에 부모님께 다시 연락할 테니 걱정 말아요."

다시 잔소리가 섞인 안내를 하고는 책상을 정리했다.

"행복(허이), 행복(허이), 행복하세요(허이) 행복하세요."
배꼽 인사를 하고 1학기 마지막 수업을 정리했다.

준이를 데리러 오신 할머니께서 맛있어서 자두 5개를 가지고 오셨단다. 감사하다. 청소하는 걸 보시고는 도와주신다고 하셔서 괜찮다고 말씀드렸다. 기쁨이는 가지 않고 복도에서 돌아다녔다.

"왜 그래 기쁨아? 뭐 놓고 갔니?"
"아니요. 선생님 보고 가려고요."
"그래, 선생님도 기쁨이 보고 싶을 거야. 비타민 다 먹었어?"
"아뇨, 한 개 남았어요. 엄마 줄 거예요."
"응, 그래 그럼 선생님이 두 개 더 줄 테니 가져가서 같이 먹어."
"선생님, 저는요. 너무너무 무서울 때 읽는 책이 제일 재미있다요."
"그래? 그럼 이 책 빌려 가서 엄마한테 읽어드리렴."
"음~ 아니에요. 다음에 선생님이 읽어 주세요."
"방학 때 어디 가니? 외갓집엔 안 가?"
"네. 외갓집에는 너무 멀어서 겨울방학 때 갈 거라고 했어요. 엄마가."
"이제 학원 갈 시간 다 됐지?"
"네, 선생님, 저 초록띠예요. 보세요."

우리가 이야기를 하는 사이 사범님이 올라오셨다.

"사범님, 기쁨이 잘하지요? 교실에서도 점점 나아지고 있어요. 그런데 친구들한테 발차기를 해서 싸움이 날 때가 있어요."
"예, 선생님. 발차기는 도장에서만 하도록 지도하겠습니다. 그리고 민이가 그림책 가방을 두고 가서 제가 가져왔습니다."

사범님이 우리 반 그림책 가방을 가져오셨다. 감사하다. 학부모님께 아이들의 수업 장면을 보냈다. 수고 많으셨다는 문자를 받고 고맙다는 답장을 보냈다. 우와~ 드디어 여름방학이다.

# 누구에게나 터널은 있다

경기도교육청 1정 연수 강의를 마지막으로 여름방학 일정이 마무리되고 있다. 8시 30분쯤 한양대 안산(에리카) 캠퍼스에 도착했다. 선생님들께 보여 줄 그림책을 여행용 캐리어에 잔뜩 담아 갔다.

강의실에 들어가 여러 권의 그림책을 펼쳐 두었다. 먼저 온 선생님들이 그림책 구경을 했다. 강의실은 4~5명이 9모둠으로 나누어져 있어 조금 빡빡했다. 예상은 32명 정도였는데 신청자가 많아 준비할 것도 많아졌다. 조용한 음악을 틀어 놓고 강사 대기실에서 차를 한잔 마셨다.

이번 연수는 굉장히 인상적이다. 연수 준비 할 때 그림책 강의를 맡은 3명의 교사가 만나 주제와 내용에 대해 이야기를 나누었다. 다양한 정보를 공유하고 공통 강의안을 마련하였다. 3명 모두 아동문학 전공자여서 국어교육이 아닌 문학 작품으로 그림책을 접근하고자 했다. 다시 강의실에 들어갔더니 반가운 얼굴들이 있었다.

"선생님, 잘 지내셨어요? 선생님 강의 들으려고 기다렸어요."
우리 학교 박 선생님이 맨 앞자리에 앉아 있다가 너무나 반갑게 인사를 했다. 서로 안아 주고 안부를 물었다.

"저~ 선생님, 지난 봄 저희 학교에 강의하러 오셨죠? 하하하."

의왕시에서 만난 키가 크고 선한 인상의 여 선생님과 인사를 나누었다.

"그때 강의 듣고 지금까지 아이들에게 그림책 읽어 주고 있어요. 너무 재미있어요."

이런 말을 들을 때 참 힘이 난다.
전체 3시간 중에서 1시간은 그림책의 특성을 살펴보고 갈래별 그림책을 소개하기로 했다. 나머지 2시간은 백희나의《알사탕》과 앤서니 브라운의《터널》로 수업을 해 보고 모둠에서 직접 고른 그림책을 읽어 주고 수업을 계획해 보는 것이다. 연수 막바지 셋째 주 월요일 첫 시간이라 많이 피곤한 모습이었다. 그래서 좀 더 활동적인 강의로 바꾸었다. 질문과 대화, 발표와 이야기 수업으로 진행했다.
선생님들에게 물어보니 7월 말부터 시작된 연수에서 교육 패러다임의 전환, 제4차 산업혁명, 미래교육, 미래형 교육과정, 핵심역량, 교육과정-수업-평가 일체화 등 요즘 인기 있는 말들은 거의 매일 들었다고 했다. 그래서 나는 두 가지 질문으로 강의를 시작했다.

1. 선생님은 어떤 선생님이 되길 원합니까?
2. 우리 아이들이 어떻게 자라기를 바랍니까?

이 질문에 대한 답은 연수가 끝나고 일상이 시작되는 교실에서 만들어 갈 수 있을 것이다. 그래서 '이토록 설레고 즐거운 그림책 읽기'에 빠져 보는 3시간이 되었으면 좋겠다는 말을 했다. 우선 두 사람에 한 권씩 그림책 《터널》을 보면서 함께 읽어 갔다. 내가 먼저 읽고 돌아가며 온점 읽기를 했다. 능숙하고 재미있게 읽는 분도 있고 들릴락 말락, 아주 수줍게 읽는 분도 있다. 40명 가까이 되는 선생님이 다 다른 목소리로 읽는데 그 어느 때보다도 평화로운 시간이었다.
앤서니 브라운이 만들어 놓은 마법 세계에 빠져 사건의 단서를 찾고, 궁금해하고 추측하며 탄성을 질렀다. 다 읽은 후 수업 설계를 했다. 하나를 가르치면 열을 아는 선생님들. 가르쳐 주지 않은 것까지 알아차린다.
갈래별 그림책을 소개하면서 그림책을 선정하는 기준과 좋은 그림책의 조건에 대해 질문을 만들었다.

- 옛이야기 그림책을 읽어 줄 때 엽기적이고 잔인한 장면이 있는 대목은 어떻게 해야 할까?

- 자살이나 왕따, 계급 간의 차이 등 사회 문제를 다룬 그림책은 어떤 게 있을까?
- 그림책을 읽는데 교사가 잘 모르는 것이 있으면 어떻게 하나?
- 친구들과 함께 읽는 자리에서 먼저 읽었다고 나서는 아이는 어떻게 할까?
- 실물화상기로 보여 주는데 원색이 나오지 않을 때 어떻게 할까?
- 고학년 아이들도 그림책 읽기에 흥미를 가질까?

그림책을 보며 질문에 대한 답을 찾아갔다.
마지막은 백희나 그림책 《알사탕》을 함께 읽고 실제 수업을 했다. 함께 강의하시는 이 선생님이 '알사탕'을 준비해 와서 우리 반까지 나누어 주었다. 그림책 《알사탕》을 다 읽고 알사탕을 나누어 주었더니 선생님도 아이들처럼 맛있게 먹는다. 나도 한 알 입에 넣으니 정말 달다.
나에게 필요한 알사탕을 그려 보고, 내가 듣고 싶은 대상은 누구인지 어떤 이야기를 듣고 싶은지 이야기를 나누었다. 우리 반 아이들과 함께 만든 '세상에서 하나뿐인 그림책'과 학부모와 함께 읽는 그림책 사례를 이야기했다. 쉬는 시간에 선생님들이 나와서 아이들이 그린 그림책과 학부모 소감록, 학급 소식지 등을 사진으로 찍었다.

"선생님, 이렇게 해서 몇 권 정도나 만드시나요?"
"만든 그림책은 어떻게 하나요?"
"그림책 공부는 어디서 하면 좋을까요? 모임이나 대학원을 소개해 주세요."
"선생님은 어떻게 공부를 계속하셨나요? 공부가 꼭 필요할까요?"
"5학년 역사 수업에서 읽을 수 있는 좋은 책도 소개해 주세요."

강의를 마쳤는데 질문들이 많았다. 내 생각을 솔직하게 말했고 정답은 아니라는 이야기도 했다. 6시간이 어떻게 지나갔는지 모를 정도로 그림책에 빠진 시간이었다. 강의를 마치고 선생님들이 쓴 소감을 읽어 보았다.

- 나에게 터널이란 그림책은 한번 시도해 볼 만한 것이다.
- 유치원 때 버스를 타고 매일 지나던 굴다리가 생각났다. 그때 어두운 터널을 지나면서 함께 소리를 질렀던 그 시간과 공간들. 그림책 읽기는 추억을 소환한다.
- 군대를 다녀오고 임용고사를 준비하던 시간. 어둡고 춥고 혼자였던 시간이 생각난다. 그 시간을 잘 견디도록 도와준 사람들이 그림책에 나온 로즈가 아니었을까.
- 두 아이를 키우는 요즘. 예민하고 성질이 급한 둘째. 나와 둘째는 서로 닮았지만 늘 티격태격한다. 이 아이

와 함께하는 지금이 터널이다. 하지만 둘째가 있어 나는 엄마로 성장한다.
- 나의 터널은 '1정 연수'다. 연수는 힘겹고 어려운 주제로 분임 보고서를 작성하고 오랜만에 시험을 치르면서 괴로웠던 시간이었다. 그러나 터널을 지나면서 한층 더 성숙한 교사가 될 수 있기를 기대하고 인내하는 시간이 되는 것 같기도 하다.
- 누구나 터널이 있다. 그 터널을 지나면서 아이들은 서로를 이해하고 성장했듯이 우리 반 아이들과 남은 2학기를 보내며 "로즈 네가 와 줄 줄 알았어" 했던 오빠의 마음을 경험할 수 있을 것 같다.
- 2학기 때 이 그림책 두 권을 꼭 읽어 주고 싶다. 알사탕을 먹고 아이들과 왼손으로 편지를 쓴다면 어떤 이야기가 나올지 기대가 된다.

방학 동안 있었던 아홉 번 연수 강의가 매번 이렇게 기쁨으로 찰 수는 없었지만, 아이들 곁에서 좀 더 재미있게 수업하고 초등의 전문성을 기르려는 교사들의 열망을 지켜보는 것만으로도 즐거웠다.

한편, 교육부에서는 2017 독서·인문교육 활성화 국가시책사업을 각 시·도교육청으로 전달하고 시·도교육청은 단위 학교에서 실천되기를 바란다. 인문교육, 인문학이라는 말이 초중

등에 똑같이 적용되면서 마치 '독서교육'이 인문학의 전부인 것처럼 여겨질 때도 있다. 도서관도 열악하고 사서 교사도 없는 학교에서 당장 내년부터 '한 학기 한 권 읽기'를 시행하는 것이 어렵다는 사실도 안중에 없다. 또한 교과 통합, 주제 중심 교육과정 재구성으로 문학 작품이 수학과 역사적 지식을 알게 하는 수단으로 전락할 수도 있다. 이런 걱정 속에서도 연수를 하면서 조금 다른 생각을 가지게 되었다.

반쪽짜리 교과서 작품이 아닌 온전한 작품을 읽히려는 교사들의 노력이 교육과정과 교과서를 변화시켰고 각 학교에서도 온작품 읽기에 대한 관심이 늘어나고 함께 실천하는 이야기가 여기저기서 들린다. 이번 연수처럼 학교 안에서 연수를 계획하고 협력하는 과정을 만들어 간다면 우리가 바라고 꿈꾸는 '행복한 평생 독자 기르기'는 희망적이다.

이제 다음 주 월요일이면 개학이다. 우리 반 아이들에게 읽어 줄 책과 이야기를 준비해야겠다. 그래서 넉넉한 가을을 맞고 싶다. 여름방학 때 제일 재미있었던 그림책 열 권을 골랐다. 열 권 그림책과 열 가지 이야기를 어떻게 재미나게 읽고 요리조리 맛볼까 궁리해야겠다.

DATE.
2017년 8월

# 친구는 친구다

일주일간 어머니 장례를 치르고 난 뒤 다시 출근을 했다. 쉬는 시간에 기쁨이가 다른 반 아이 가슴을 때려 맞은 아이가 울면서 우리 교실로 왔다. 아이 둘을 데리고 복도에 서서 이야기를 들은 다음 사과를 시키고 이런저런 말로 타일렀다.

"선생님, 기쁨이 왜 그래요? 자꾸 발로 차고 욕해요."

우리 반 아이들까지 원성이 자자했다. 집에서 무슨 일이 있었던 게 분명한데 말을 하지 않는다. 그래도 짝수 홀수 알아보기 활동에서 모둠에서 열심히 하고 교구놀이 후에 기쁨이네 모둠이 정리를 잘해서 칭찬 알을 받았다.

급식 시간.
조용히 밥을 먹던 아이들이 말했다.

"놀이터 가서 놀래? 기쁨이 빼고 놀까?"
"아니, 기쁨이도 같이 놀아야지."
"야, 기쁨이가 얼마나 괴롭혔는데. 난 같이 안 놀 거야."

기쁨이에게 불만이 많은 아이 몇이 같이 안 논다고 하자 민이가 말했다.

"기쁨이도 같이 놀아야 해. 친구는 친구니까."

민이 말에 은이가 맞장구를 했다.

"그래. 친구는 친구니까 기쁨이랑 같이 잡기 놀이 할 사람 미끄럼틀에서 만나."
"그럼 별이도 같이 놀아야지?"
"별이도 같이 놀자. 친구는 친구니까."

아이들 말에 귀를 쫑긋하며 듣고 있던 두 녀석.
입이 벙싯거리더니 순두부찌개에 밥을 말아서 와구와구 먹고서 "선생님, 다 먹었어요. 놀러 갈래요" 한다.

"그래, 잘 먹었구나. 기쁨이랑 별이 제발 싸우지 말고 다른 사람 때리면 안 돼. 화가 나거나 재미없어지면 교실로 와."

잔소리 한 바가지에도 아랑곳하지 않고 놀이터로 달려가는 아이들. 두 아이를 감싸 주는 민이랑 은이랑 호랑 준이랑 혁이가 있어 다행이다.

"재미있었나요?"
"네. 기쁨이랑 별이도 같이 놀았어요."
"기쁨이가 공벌레도 보여 줬어요. 같이 놀면 재미있어요."
"내일도 놀 거죠?"
"네, 친구는 친구니까요."
"내일 만나요. 우리."
"행복하세요, 선생님."

어깨동무한 아이들이 씩씩하게 인사했다.
한 생각 돌이켜 묻는다.
학교가 보통 아이를 문제아로 만드는 건 아닐까?
'1학년은 글자를 알고 받아쓰기도 하고 그림일기도 쓸 줄 알아야 해.'
'이 정도는 해야 여덟 살이지.'
학교와 사회와 어른의 잣대로 보면 과연 몇 명의 아이가 제대로 된 1학년일까?

"선생님, 너무 신났어요. 또 하고 싶어요."

오늘처럼 환하게 웃는 아이들을 만나고 싶다.
가정으로 아이들이 그린 그림과 시 공책 그리고 친구들과 잘 놀고 있는 사진을 보내면서 잘한 점은 칭찬해 주고 고쳐야 할

점도 이야기해 주십사 부탁했다.

"별이가 웃고 있네요. (…) 걱정입니다. 하지 않도록 얘기하는데 말을 안 들어요. ㅠ.ㅠ"
"너무 걱정 마시고 한 번 더 이야기해 주세요. 아이들은 자라니까요!"
"네, 선생님. 한 주도 고생 많으셨어요."
"행복한 주말 보내세요."
"네, 선생님두요."

나오며

# 아주 특별한 이야기

1학년 교실은 특별합니다. 일생의 단 한 번인 '초등학생 되기'를 처음으로 해 보기 때문입니다. 처음이기 때문에 말도 많고 탈도 많고 이야기도 많습니다.

처음 이야기는 교사와 아이들의 관계 맺기입니다. 1학년 담임은 아이가 처음 학교에 온 날부터 2학년이 되기까지 아이의 성장과 발달을 계속해서 파악해 나가야 합니다. '우리 반 아이가 어떤 아이로 자라기를 바라는가?'를 묻고 스스로 목표와 계획을 세워 가르침과 배움의 길을 열어 가야 하지요.

저는 아이들이 '우리 안에서 행복하기'를 바랍니다. 제때 제대로 말하고 자기 생각을 글로 표현할 수 있으며 또래와 학급 공동체의 일원으로 따뜻한 문화를 경험하며 즐거운 놀이와 운동으로 신체 발달을 위한 기능과 능력이 자라기를 바랍니다.

날마다 시와 그림책, 동화를 읽고 이야기했습니다.

"네 생각이 뭐니?"

묻고 대답할 때 아이들의 말이 열리고 생각을 글로 붙잡아 시를 쓰게 되었습니다. 함께 시를 쓰며 아이들은 모두 시인인 것을 느낍니다.

약속된 시간이 생겼습니다.
아침 9시. 책을 읽습니다. 재미난 책은 친구들과 함께 읽습니다. 함께 읽는 것은 잘 듣는 힘을 기르고 다른 관점을 이해하는 능력을 키웁니다. 흥미를 가져야 할 대상을 더 쉽게 확장해 나갑니다.
두 번째는 가족 이야기입니다. 초등학생으로 적응하고 성장할 때 교사와 부모, 보호자가 협력하고 지원하는 것이 기본입니다. 이런 협력적 관계는 소통과 신뢰로 이루어집니다.
'세상에 하나뿐인 그림책'과 '하나뿐인 시집'을 만들어 식구들과 함께 보았습니다. 온 가족이 모여 앉아 아이의 이야기를 들어 주고 칭찬하고 격려합니다. 부모님 글에서 사랑하는 마음을 느낄 수 있습니다.

"선생님, 아이를 혼내던 말이 사라지고 그 자리에 그림책과 시와 노래 그리고 가족들의 이야기가 놓이게 되었습니다. 행복한 저녁을 보낼 수 있었습니다."

"선생님, 환이가 저녁마다 책 고르느라 무척 고민이 많아요.^^ '무슨 책을 가져가야 재미있지?', '이 책을 선생님이 꼭 읽어 주실 거야' 하며 기대를 하고 잠이 듭니다. 늦잠꾸러기 환이가 학교에 갈 생각에 일찍 일어나요. 이렇게 잘 적응할 수 있게 해 주셔서 고맙습니다. 오늘도 즐거운 하루 보내세요."

하지만 여전히 고민과 어려움은 남습니다.
다 다른 29명의 아이들이 한 교실에서 생활합니다. 한글 해득이나 조작 활동, 그리기, 만들기, 오리기 심지어 밥 먹는 것과 신발 신는 것까지 모두 다릅니다. 그 차이로 오해가 생겨 싸우기도 합니다. 교사 한 명이 29명 아이들의 생각을 알아채고 골고루 대처하기란 쉬운 일이 아니지요. 약한 교사의 인간적인 실수 때문에 힘든 일도 생깁니다.
그럼에도 불구하고 이야기를 찾았습니다.
1학년 아이들의 반짝거리는 웃음과 우정과 환대가 이야기의 씨앗이 되었습니다. '은경샘의 교실 이야기'에 따뜻한 메아리를 보내 주신 교육공동체 벗 식구들과 군포초등학교 1학년 선생님들 그리고 학부모님의 응원과 격려로 이 책이 세상에 나올 수 있었습니다. 갑북갑북 시주머니와 민주시민교육네트워크 선생님들께 기대어 이야기 길을 걸을 수 있었습니다. 길을 잃고 헤맬 때마다 말없이 지켜 봐 준 나의 미오 당신과 나의 노래 은나라, 나의 모모 용수에게 고마움과 사랑을 전합니다.

2018년 5월 수암봉 아래서
최은경

## 이 책에 등장한 책들

**요렇게 해봐요** | 김시영, 마루벌, 2011
**누가 내 머리에 똥 쌌어?** | 베르너 홀츠발르트 글, 볼프 에를브루흐 그림, 사계절, 2002
**슬픔의 뿌리** | 도종환, 실천문학사, 2002
**엄마야 누나야** | 김소월 외, 겨레아동문학연구회 편역, 보리, 1999
**귀뚜라미와 나와** | 권태응 외, 겨레아동문학연구회 엮음, 보리, 1999
**해와 달이 된 오누이** | 김성민, 사계절, 2009
**진정한 일곱 살** | 허은미 글, 오정택 그림, 양철북, 2011
**나는 자라요** | 김희경 글, 염혜원 그림, 창비, 2016
**내가 좋아하는 것** | 앤서니 브라운, 공경희 옮김, 웅진주니어, 2017
**시랑 먼저 놀 거야!** | 강승숙, 낮은산, 2014
**가자 가자 감나무** | 편해문, 창비, 1998
**소설처럼** | 다니엘 페낙, 이정임 옮김, 문학과지성사, 2004
**입속의 검은 잎** | 기형도, 문학과지성사, 1989
**까만손** | 오색초등학교 어린이들 지음, 탁동철 엮음, 보리, 2002
**개구리랑 같이 학교로 갔다** | 밀양 상동초등학교 어린이 20명 지음, 이승희 엮음, 보리, 2004
**네가 일등이야** | 그렉 피졸리, 김경연 옮김, 토토북, 2016
**달이 좋아요** | 나명남, 창비, 2016
**최승호 시인의 말놀이 동시집 4** | 최승호 글, 윤정주 그림, 비룡소, 2008
**개구쟁이 산복이** | 이문구, 창비, 2017
**쉬는 시간 언제 오냐** | 초등학교 93명 아이들 쓰고 전국초등국어교과모임 엮음, 휴먼어린이, 2012
**아기 토끼와 채송화꽃** | 권정생, 창비, 2012
**감자꽃** | 권태응 글, 송진헌 그림, 창비, 1995

**세상에서 가장 힘이 센 말** | 이현정 글, 박재현 그림, 맹앤맹, 2012

**색깔 손님** | 안트예 담, 유혜자 옮김, 한울림어린이, 2015

**프레드릭** | 레오 리오니, 최순희 옮김, 시공주니어, 2013

**황소 아저씨** | 권정생 글, 정승각 그림, 길벗어린이, 2001

**토끼의 의자** | 고우야마 요시코 글, 가키모토 고우조 그림, 김숙 옮김, 북뱅크, 2010

**이상한 나라의 앨리스** | 루이스 캐럴 글, 토베 얀손 그림, 한애경·한낙원 옮김, 창비, 2015

**오즈의 마법사** | 라이먼 프랭크 바움 글, 리스베트 츠베르거 그림, 한상남 옮김, 어린이작가정신, 2008

**'내일을 위한 책' 시리즈** | 플란텔 팀 글, 미켈 카살·호안 네그레스콜로르·마르타피나·루시 구티에레스 그림, 김정하 옮김, 풀빛, 2017

**오른쪽이와 동네 한 바퀴** | 백미숙 글, 김유대 그림, 느림보, 2004

**파밍의 정원으로 놀러 오세요!** | 트레이시 코드로이 글, 제인 챔프먼 그림, 최용은 옮김, 키즈엠, 2014

**너는 어떤 씨앗이니?** | 최숙희, 책읽는곰, 2013

**꽃초롱 별초롱** | 윤복진, 창비, 1997

**관계의 교육학, 비고츠키** | 비고츠키교육학 실천연구모임 엮음, 살림터, 2015

**최승호 시인의 말놀이 동시집 1** | 최승호 글, 윤정주 그림, 비룡소, 2005

**엄마 마중** | 이태준 글, 김동성 그림, 보림, 2013

**알사탕** | 백희나, 책읽는곰, 2017

**터널** | 앤서니 브라운, 장미란 옮김, 논장, 2002

**내가 처음 쓴 일기** | 대구금포초등학교1학년2반 지음, 윤태규 엮음, 김성민 그림, 보리, 1998

**책이 꼼지락꼼지락** | 김성범 글, 이경국 그림, 미래아이, 2011

**생각과 말** | 레프 세묘노비치 비고츠키, 배희철·김용호 옮김, 살림터, 2011

**또야 너구리의 심부름** | 권정생 외, 창비, 2002

## 교육공동체 벗

교육공동체 벗은 협동조합을 모델로 하는
작은 지식공동체입니다.
협동조합은 공통의 목적을 가진 사람들이 모여서 만든
권력과 자본으로부터 독립된 경제조직입니다.
교육공동체 벗의 모든 사업은
조합원들이 내는 출자금과 조합비로 운영됩니다.
수익을 목적으로 하지 않기에 이윤을 좇기보다
조합원들의 삶과 성장에 필요한 일들과 교육운동에
보탬이 될 수 있는 사업들을 먼저 생각합니다.
정론직필의 교육전문지, 시류에 휩쓸리지 않는 정직한
책들, 함께 배우고 나누며 성장하는 배움 공간 등
우리 교육 현실에 필요한 것들을 우리 힘으로 만들고
함께 나누고 있습니다.

## 조합원 참여 안내

출자금(1구좌 일반 : 2만 원, 터잡기 : 50만 원)을 낸 후
조합비(월 1만 5천 원 이상)를 약정해 주시면 됩니다.
조합원으로 참여하시면 교육공동체 벗에서 내는 격월간 교육
전문지 《오늘의 교육》과 조합 통신을 받아 보실 수 있습니다.
출자금은 종잣돈으로 가입할 때 한 번만 내시면 됩니다.
조합을 탈퇴하거나 조합 해산 시 정관에 따라 반환합니다.
터잡기 조합원은 벗의 터전을 함께 다지는 데 의미와 보람을
두며 권리와 의무에서 일반 조합원과 차이는 없습니다. 아래
홈페이지나 카페에서 조합 가입 신청서를 내려받아 작성하신
후 메일이나 팩스로 보내 주세요.

| | |
|---|---|
| 홈페이지 | commune but.com |
| 카페 | cafe.daum.net/communebut |
| 이메일 | communebut@hanmail.net |
| 전화 | 02-332-0712, 070-8250-0712 |
| 팩스 | 0505-115-0712 |

# 교육공동체 벗을 만드는 사람들

※하파타 순

후쿠시마 미노리, 황지영, 황정일, 황정원, 황이경, 황윤호성, 황영수, 황봉희, 황규선, 황고운, 홍지영, 홍정인, 홍순성, 홍세화, 홍성근, 홍성구, 현복실, 현미열, 허창수, 허윤영, 허성실, 허성균, 허보영, 허광영, 함점순, 함영기, 한학범, 한채민, 한지혜, 한은옥, 한송희, 한소영, 한성찬, 한석주, 한민혁, 한만중, 한날, 한길수, 한경희, 하주현, 하정호, 하정필, 하인호, 하승우, 하승수, 하순배, 탁동철, 최희성, 최현숙, 최진규, 최주연, 최정윤, 최정아, 최은정, 최은숙, 최은경, 최윤미, 최원혜, 최우성, 최연희, 최연정, 최승훈, 최승복, 최수욱, 최선영, 최선경, 최봉선, 최보람, 최병우, 최미영, 최류미, 최대현, 최기호, 최광용, 최경미, 최경련, 최강토, 채효정, 채종민, 채민정, 차숭숙, 차용훈, 진현, 진주형, 진웅용, 진영준, 진냥, 지정순, 지수연, 주순영, 조희정, 조형식, 조현민, 조향미, 조해수, 조진희, 조지연, 조준혁, 조주원, 조정희, 조용현, 조윤성, 조원희, 조원배, 조용진, 조영현, 조영옥, 조영실, 조영선, 조여은, 조여경, 조성희, 조성실, 조성배, 조성대, 조석현, 조석영, 조남규, 조경애, 조경아, 조경삼, 조경미, 제남모, 정희영, 정홍윤, 정혜령, 정현숙, 정혜레나, 정춘수, 정진영a, 정진영b, 정진규, 정종헌, 정종민, 정재학, 정이든, 정은희, 정은주, 정은균, 정유진a, 정유진b, 정유숙, 정유섭, 정원탁, 정원석, 정용주, 정예슬, 정보라, 정미숙a, 정미숙b, 정명옥, 정명영, 정득년, 정대수, 정남주, 정광호, 정광필, 정광일, 정관모, 정경원, 전혜원, 전정희, 전유미, 전세란, 전보애, 전병기, 전민기, 전미영, 전명훈, 전난희, 장현주, 장주연, 장인하, 장은정, 장윤영, 장원영, 장시준, 장상욱, 장병훈, 장병학, 장병순, 장근영, 장군, 장경훈, 임혜정, 임향신, 임한철, 임지영, 임중혁, 임종길, 임정은, 임전수, 임수진, 임성빈, 임선영, 임상진, 임민자, 임덕연, 임경환, 이희옥, 이희연, 이효진, 이호진, 이혜정, 이혜린, 이현, 이혁규, 이향숙, 이한진, 이태영, 이충근, 이진혜, 이진주, 이지혜, 이지향, 이지영, 이지연, 이중석, 이주희, 이주영, 이종은, 이정희a, 이정희b, 이재익, 이재은, 이재영, 이재숙, 이재두, 이임순, 이인사, 이은희a, 이은희b, 이은향, 이은진, 이은주, 이은영, 이은숙, 이윤엽, 이윤승, 이윤선, 이윤경, 이유진a, 이유진b, 이원남, 이용환, 이용석, 이용기, 이영화, 이영혜, 이영주, 이영아, 이연진, 이연주, 이연숙, 이연수, 이승헌, 이승태, 이승아, 이슬기a, 이슬기b, 이수정a, 이수정b, 이수연, 이수미, 이성희, 이성호, 이성채, 이성숙, 이성수, 이설희, 이선표, 이선영, 이선애a, 이선애b, 이선미, 이상훈, 이상화, 이상직, 이상원, 이상미, 이상대, 이병준, 이병곤, 이범희, 이민아, 이미옥, 이미숙, 이미라, 이문영, 이명훈, 이명형, 이동철, 이동준, 이덕주, 이다연, 이남숙, 이난영, 이나경, 이기규, 이근희, 이근철, 이근영, 이광연, 이계삼, 이경화, 이경은, 이경옥, 이경언, 이경림, 이건희, 이건진, 윤희연, 윤홍은, 윤지형, 윤종원, 윤우람, 윤영훈, 윤영백, 윤수진, 윤상혁, 윤병일, 윤규식, 유효성, 유재을, 유영길, 유수연, 유병준, 위양자, 원지영, 원윤희, 원성제, 우창숙, 우지영, 우완, 우수경, 우새롬, 오중근, 오정오, 오재홍, 오은정, 오은경, 오유진, 오수진, 오세희, 오민식, 오명환, 오동석, 염청신, 여희영, 여태전, 엄창호, 엄재홍, 엄기옥, 양해준, 양지선, 양은주, 양순숙, 양영희, 양애정, 양선형, 양선아, 양서영, 양상진, 안효빈, 안찬원, 안지윤, 안준철, 안정선, 안옥수, 안영신, 안영빈, 안순억, 심은보, 심우향, 심승희, 심수환, 심동우, 심나은, 심경일, 신혜선, 신충일, 신창호, 신창복, 신중휘, 신중식, 신은정, 신유준, 신소희, 신성연, 신미정, 신미옥, 송호영, 송혜란, 송한별, 송정은, 송인혜, 송용석, 송승훈, 송명숙, 송근희, 송경화, 손현아, 손진근, 손정란, 손은경,

손성연, 손민정, 손미승, 소수영, 성현석, 성유진, 성용혜, 성열관, 설은주, 설원민, 선휘성, 선미라, 석옥자, 석경순, 서혜진, 서태성, 서지연, 서정오, 서인선, 서은지, 서우철, 서예원, 서명숙, 서강선, 상형규, 변현숙, 변나은, 백현희, 백승범, 배희철, 배주영, 배정현, 배이상헌, 배영진, 배아영, 배성연, 배경내, 방득일, 방경내, 반영진, 박희진, 박희영, 박효정, 박효수, 박환조, 박혜숙, 박혜린, 박형진, 박형일, 박현희, 박현숙, 박춘애, 박춘배, 박철호, 박진환, 박진수, 박진교, 박지희, 박지흥, 박지인, 박지원, 박중구, 박정미, 박재선, 박은하, 박은아, 박은경, 박용빈, 박옥주, 박옥균, 박영실, 박연지, 박신자, 박수진, 박수경, 박성규, 박복선, 박미희, 박미옥, 박명진, 박명숙, 박동혁, 박도정, 박대성, 박노해, 박내현, 박나실, 박기웅, 박고형준, 박경화, 박경이, 박건형, 박건진, 민병성, 문용석, 문영주, 문순옥, 문수현, 문수영, 문수경, 문성철, 문명숙, 문경희, 모은정, 맹수용, 마승희, 류창모, 류정희, 류재향, 류우종, 류명숙, 류대현, 류경원, 도정철, 도방주, 데와 타카유키, 노영현, 노경미, 남효숙, 남정민, 남은정, 남윤희, 남원호, 남예린, 남미자, 남궁역, 나규환, 김희정, 김희옥, 김흥규, 김훈태, 김효미, 김홍규, 김혜진, 김혜영, 김혜림, 김형렬, 김현진a, 김현진b, 김현주a, 김현주b, 김현영, 김현실, 김헌택, 김헌용, 김해경, 김필임, 김태훈, 김태원, 김찬우, 김찬영, 김찬, 김진희, 김진숙, 김진, 김지훈, 김지운, 김지연a, 김지연b, 김지안, 김지미, 김지광, 김중미, 김준연, 김주영, 김종현, 김종진, 김종원, 김종욱, 김종성, 김종선, 김정식, 김정삼, 김재황, 김재현, 김재민, 김임곤, 김일규, 김인순, 김이은, 김이민경, 김은해, 김은파, 김은식, 김은숙, 김윤주, 김윤우, 김원예, 김원석, 김용훈, 김용양, 김용만, 김요한, 김영희, 김영진a, 김영진b, 김영주a, 김영주b, 김영아, 김영삼, 김영모, 김연정a, 김연정b, 김연일, 김연미, 김아현, 김순천, 김수현, 김수진a, 김수진b, 김수정a, 김수정b, 김수연, 김수경, 김소희, 김소혜, 김소영, 김세호, 김성탁, 김성숙, 김성보, 김선희, 김선철, 김선우, 김선미, 김선구, 김석규, 김서화, 김서영, 김상희, 김상정, 김상윤, 김봉석, 김보현, 김보경, 김병희, 김병훈, 김병기, 김범주, 김민희, 김민선, 김민곤, 김민결, 김미향, 김미진, 김미숙, 김미선, 김문옥, 김무영, 김묘선, 김명희, 김명섭, 김동현, 김동일, 김동원, 김도석, 김다희, 김다영, 김남철, 김나혜, 김기훈, 김기웅, 김기언, 김규태, 김규빛, 김광민, 김고종호, 김경일, 김경미, 김가연, 기세라, 금현옥, 금명선, 권혜영, 권혁천, 권태윤, 권자영, 권미지, 국찬석, 구자숙, 구원회, 구완회, 규수연, 구본희, 구미숙, 광흠, 곽혜영, 곽현주, 곽진경, 곽노현, 곽노근, 공현, 공영아, 고춘식, 고진선, 고은경, 고윤정, 고영주, 고영실, 고병un, 고병연, 고민경, 강화정, 강현주, 강현정, 강한아, 강태식, 강준희, 강인성, 강이진, 강은영, 강윤진, 강영일, 강영구, 강수미, 강수돌, 강성규, 강석도, 강서형, 강미정, 강경모

※ 2023년 7월 12일 기준 726명

※이 책의 본문은 재생 용지를 사용해서 만들었습니다.
※생태 보존과 자원 재활용을 위해 표지 코팅을 하지 않았습니다.